絶対、世界が日本化する15の理由

日下公人
Kimindo Kusaka

PHP

まえがき

ドナルド・トランプ大統領が登場してからアメリカのインテリは、すっかり静かになった。新しい世界をつくろうという呼びかけは消え、新しい世界はかくあるべしという理想や夢を語る声もない。

それに代わって「北朝鮮を制裁する」という声が出てきた。実力があるアメリカが言うのだから実現性は十分あると思うが、それがあと一歩というところで進まない。「進め！」という声もない。

日本の安倍晋三首相も「では、日本がやる」とはさすがに言えない。日・米・韓・中の四カ国で圧力をかけようというところで止まっている。

このまま貿易を制限しているだけで十分効果はあるのだから何も焦ることはない、三年ぐらい続けてみよう……と思うが、そういう声もない。これまで世界各国はスパンの短い外交を続けてきたので、それがクセになっているらしい。どこの国でも政権の寿命が短くなっているので、自然に仕事の期限も短く考えるようになっている。

では、この際スパンの長い外交を考えてみよう。日本なら、それができる。どこからも借金していないからで、逆に融資や投資ならどこの国に対してもたくさんしている。だから条件を明示して「かくかくしかじかの国に対しては、今後、融資も投資もしない」と声明して実行すれば、たぶん原爆投下と同じくらいの効果がある。

それを「世界再生攻撃」と名づけて実行すればよい。折り紙でツルを折るよりよほど確かな効果が期待できる。日本もそれだけの金持ちになったと思えば、国民は貯金した甲斐があったというものである。ただしいまは、外務省と経産省に勝手に使われている。

蔣介石は友人から「日本との戦争と中国共産党の発展防止という二つの問題にどう対応する気か」と訊《き》かれて、「中国共産党の発展は内臓の病気だが、日本軍との戦争はたんなる皮膚病」と答えた。まさにそのとおりだが、蔣介石はその内臓病である中国共産党との戦いに負けて台湾に逃げ、二度と戻ってこなかった。

二十一世紀のいま、予想される戦争はいろいろあるが、この分類を使って考えてみよう。まず、内臓に達する病はたくさんある。

アメリカでは、白人至上主義との戦いがすでに内臓に食い込んでいる。貧富の格差も同じである。宗教的原理主義者との戦いは、これから始まる。アメリカの各州と連邦政府の関係は、独立戦争の昔に戻るかもしれない。

英語ができないアメリカ人や白人でないアメリカ人は、いずれ過半数に達する。それでもアメリカ人として誇りを持って生きていくために必要なものは何か。

これは「内臓病対策とアメリカ」という問題である。そのときは、カリフォルニアは日本に――フロリダはスペインに――分裂してゆくのも一案になる。

ま、しかしそんなことが問題になるときは同じ問題がヨーロッパにも登場しているだろう。中国本土にも。

中国には「行省」がいくつかあるが、これは清の時代に、中国語による統治はあきらめたためらしい。国とはいっても国内に言語がたくさんあるとは、日本人には想像がつかないことである。

アイデンティティを言い出すと、こんな話になって、国家という名称は使えなくなるとは、島国育ちの日本人には想像を超えた話である。これはグローバリズムとローカリズムの対立といわれている。

二十一世紀はどこの国もこのように内臓病が問題の時代になると思うが、日本がいちばん軽ければ日本は何かを世界のために言わなければならない。

四百年続いた帝国主義に代わって登場する新しい世界を見るメガネは、実はどこの国にも備わっているローカリズムだと思う。そのうえ世界各国の庶民は、インターネット、観光旅行、日本への留学などを通じてホントのことを知るようになった。となれば、世界は自然に「日本化」する。

そして、日本もどんどん変わっている。欧米崇拝・白人崇拝、それから科学崇拝・理論崇拝や進歩礼讃の行きすぎまで、日本自身が発見すべき新しい二十一世紀について思いつくことを書いてみよう。

平成三十年二月

日下公人

絶対、世界が「日本化」する15の理由——目次

第二章

アメリカという国の根本的なトラウマ

第三章

白人キリスト教徒は世界に何をしてきたか

第四章

〝日本人の視点〟から世界史を書こう

第五章 世界史的な目で二十世紀の百年を振り返る

第六章 日韓「歴史問題」を終わらせる

第七章 「日本文化圏」「日本精神圏」が誕生する

装丁　印牧真和
写真撮影　海老名進
構成　上島嘉郎
編集　白石泰稔

第一章

「シンゾー」を最も頼りにするトランプ大統領

“America first”を最初に唱えたのは誰か

日本と米国の関係は、昔に比べて大きく変わった。昔は日本のほうが内向きで、米国は「世界の警察官」を自ら任じていた。しかし、いまの米国は「世界の面倒を見ても大した得がない。それより国内問題に目を向けよう」となっている。

“America first”というスローガンは、ドナルド・トランプの「専売特許」ではない。リチャード・ニクソンやジェラルド・フォード、ロナルド・レーガンら歴代大統領の顧問を務め、CNNのキャスターも務めた「保守派の論客」パット・ブキャナンが二十数年前に唱えたものである。もう一つ、“Make America great again”も、一九八〇年の大統領選でレーガンが使った“Let's make America great again”を事実上借用したもので、このときトランプはレーガンを支持している。

「アメリカを再び偉大にする」というレーガンのスローガンは、ジミー・カーターという“弱い大統領”の下でアメリカがソ連（当時）に遅れをとり、地盤沈下を引き起こしたという意識が米国に広まるなか、力強い再生の気概を米国民に感じさせ、レーガンは当選した。

その後、ジョージ・H・W・ブッシュと共和党政権が続き、ブキャナンは一九九二年、九六年の米大統領選挙に共和党から立候補した。九二年の選挙では現職のブッシュと予備選挙を戦い、敗退したものの、「米国は一番」ではなく、「米国のことが最優先で、世界のことは二の次だ」という彼の訴えは一定の支持を獲得し、ブッシュの政策をより保守的なものにする影響を与えたらしい。ただし大統領に当選したのはビル・クリントンで、彼は二〇〇一年まで二期務めた。

「アメリカは世界一であるべき」であるにせよ、「アメリカのことが最優先」であるにせよ、米国民（白人キリスト教徒）が建国以来その深層で何を望んでいるかがここに現れている。

窮鳥懐に入れば猟師も殺さず

さて、トランプ大統領の米国は基本的に内向きである。対する日本は、どんどん外向きになっている。安倍晋三首相の「地球儀外交」の成果だが、中国や北朝鮮、ロシアなどを除けば、世界が日本の平和と繁栄に学びたがっているからだとも言える。どうすれば他国を収奪せず、国民を騙《だま》さず、人を殺さずに平和で豊かな国ができるか、日本のノウハウを教えてほしいと考える国が増えている。

長い歴史のなかで、わが国には「信用」や「評判」という価値観など、人間関係における富が蓄えられている。

「隣家を襲ったり火事場泥棒をしたりすれば、村八分にされる」

「一度相手を騙して怒らせたら、二度とその店に出入りできない」

島国に住み、基本的に人の移動がないという歴史的な与件から培われた「互恵信頼」という徳が日本人の資産になっていることを、案外、日本人自身が気づいていない。いくら中国が金儲けに精を出して国内総生産（GDP）で日本を追い越そうと、ロシアが軍事費を拡大して周囲を威圧しようと、「信用」と「評判」の蓄積のない国は、表面的な付き合いはあっても、世界から尊敬と親しみをもって相手にされることはない。

東南アジアや中東、アフリカやヨーロッパでも「紛争、戦争は懲り懲りだ。お互い他国への干渉はやめて日本人のように仲良くしたい」と思う人が増えてきた。米国でも最近は、証拠開示制度の採用もあって裁判での和解率が上がり、日本に近づいている。

欧米のマスコミを受け売りしている日本の地上波テレビ、新聞は「トランプは危険だ。仲良くするのはよくない」と言っているが、日本の国柄は「和を以て貴しとなす」で、安倍首相はさっさとトランプ大統領の懐に飛び込んで親しくなった。

平成二十九年二月十日、訪米した安倍首相をホワイトハウスで出迎えたトランプ大統領は、握手した安倍首相の手を二十秒近くも離さなかった。余談だが、トランプには黴菌恐怖症という強迫神経症がある。黴菌への不安から人と握手するのが嫌で、「握手じゃなくて、お辞儀で済ませる日本の習慣がうらやましい」と自著でも告白している。それが安倍首相とは……である。

安倍首相はその前年十一月、ニューヨークに押しかけるように飛んで、大統領就任前のトランプ氏と会談し、一気に距離を縮めた。「次期大統領は間違いなくヒラリー・クリントン」と読み誤り、同年九月に安倍首相とクリントン氏との会談をセットした外務省のマイナスを自ら取り返したのである。オバマ氏が在任中に次期大統領に会うのは外交儀礼上歓迎されることではないが、安倍首相はそのリスクを承知で賭《か》けに出た。

「窮鳥懐に入れば猟師も殺さず」という。「トランプは危険だ、安倍首相は熟慮せよ」などと言っている人は、物事のリスクや人物の欠点ばかりを挙げて自分は行動しようとしない。自分が何も決断しない、行動しないことを棚に上げて「トランプとはあまり深く付き合うな」「中国の習近平とは親しくなれ」と言うのは無責任である。

無論、外交には適度に距離をとることも必要である。だが、相手の懐に飛び込んでこちらに引きつける、ペースに巻き込む大胆さも併せ持たねばならない。

賭けに勝った安倍首相は、二月の訪米でホワイトハウスからフロリダのトランプ大統領の別荘に招かれ、共にゴルフを楽しみつつ日米蜜月を世界に印象づけた。このあたり、祖父の岸信介首相が昭和三十二（一九五七）年六月に訪米し、アイゼンハワー大統領とワシントン郊外のバーニング・ツリー・カントリークラブでゴルフを楽しんだ挿話を思い出させる。「ゴルフは政治会談の場」でもある。

そしてトランプ大統領との会談後に発表された共同宣言には、こんな記述が盛り込まれた。

「（米国は）核および通常戦力の双方によって日本の防衛に対し、あらゆる種類の軍事力を使う」

米国が日本に「拡大核抑止力」の提供を明記したのは、昭和五十（一九七五）年の三木武夫首相とフォード大統領の共同文書以来である。こうした日本防衛に関する「米国の義務」を首脳同士が確認し、折々世界に向けて発信するのは総理の重要な仕事だが、「トランプ大統領とは距離を置け」と言うのは一流大学卒の実務経験に乏しい学歴秀才たちの警戒論、慎重論で、安倍氏はそうしたエリート意識に関係ないから思い切ってトランプの懐に飛び込んだ。結果、大正解だった。安倍氏はビジネスの阿吽の呼吸がよくわかっていた。

安倍首相がトランプ大統領と良好な関係を築いた原動力

トランプ氏には「不動産王」「大富豪」といった形容が米メディアによって冠せられてきた。ビジネスの才覚に溢れた成功者という印象だが、実際には四度の破産を経験し、日本人の感覚から客観的に見れば悪辣と思える手段でビジネスの危機を乗り切ったことも少なくない。しかし、それも当事者であればこそである。

マスコミや学者に当事者意識はない。しょせん評論家の類で、「日米蜜月」だとか、逆に「日米対立」だとか論じていれば商売になるが、ビジネスマンにとっては、契約相手や取引相手とは「蜜月」も「対立」も実務のうちで、両方を当意即妙に使い分けなければならない。政治家然《しか》りである。

安倍首相がトランプ大統領と良好な関係を築いた原動力は、「商売」の発想である。ビジネスは、準備万端だからうまくいくとは限らない。「出たとこ勝負」があり、そのときの即断と即応性の世界である。トランプ氏も根っこはビジネスマンであり、安倍首相の〝挑戦〟に呼応する素地があったと見るべきである。

私は銀行に勤めていたので、こうした感覚は理解できる。根本的に銀行は、資金量の多寡よりも「信用」で成り立つ商売で、信用をつくるのは言葉ではなく行動である。

若い頃、気難しい顧客のところへ営業に行って帰ってくると、上司に呼び出された。

「あの人、おまえのことを怒っていたぞ。どうしてくれるんだ」

えらい剣幕だった。私の答えは簡単で、「そうですか。わかりました。では、もう一度行ってきます」である。そうして何度も足繁く通って相手と信頼関係を築く。本人はもちろん、家族の好みまで覚えた。相手に対する「熱意」が伝われば、それが「情」となって返ってくる。

戦後、焼け跡の一文無しの身から靴磨きを始めた人に、話を聞いたことがある。はじめは靴を磨く布すらなく指で拭《ふ》いていた。必死で働くうちに周りが「助けてやろう」となって繁盛した。

私も銀行に入りたての頃、勘定を間違えてどうしようかと困っていたら、たまたま立ち寄った金融新聞の人が「付け替え」の方法を教えてくれた。そのとき上司はとっくにどこかに消えていた。日銀から責任者を出せと言われたので、「私が責任者です」と答えた。それでなんとか事を収めたが、要は、情と気合の問題なのだとわかった。こういう人間を「図々しい奴」と思って評価しない組織はいずれ潰れる、と私は思っていたから、別に叱責されても平気だった。

あるときは、役員にどうしても進言したいことがあったが、機会がない。それが偶然、健康診断のとき一緒になった。このときばかりは頭取もヒラも関係ない。相手がワイシャツを脱いでいたときに話しかけた。文字通り「裸の付き合い」である。

私事を述べたが、積極的に何事かをなそうとするならば、誰でも同じようにする。

「トランプは危険だ。怖い」と言っている人は、実際にビジネスをした経験がないか、たんに臆病なだけである。本当に怖いかどうかは、会ってみなければわからない。人間が不安を覚える最大の原因は「行動しないこと」で、実際にやってみればそれまでの不安は杞《き》憂《ゆう》だった、となる。

また、ビジネスであれ何であれ、原則やルールのみが遵守されるとは限らない。結局は人間関係によってうまくいったり破綻《はたん》したりするものである。その意味で人間の生きる世界は理不尽さと表裏一体であると達観しておくべきで、その覚悟さえ据わっていれば情と気合でぶつかっていける。

安倍首相による優位戦思考の実践

内向きのトランプ大統領に日米同盟の重要性を認識させ、日米の連携によって東アジアにおける平和と安定を維持するという日本の政策に米国を引き寄せたのは安倍首相の「価値観外交」の力だが、北朝鮮の核ミサイル脅威も要因の一つとなった。首相のフロリダ滞在中に北朝鮮の金正恩・朝鮮労働党委員長が中距離弾道ミサイルを発射すると、安倍、トランプ両首脳は即座に記者会見し、両国の結束をアピールした。

北朝鮮の「瀬戸際外交」は昨年（平成二十九年）だけでも弾道ミサイル発射一五回という挑発が続いている。米本土を射程に収める大陸間弾道弾（ＩＣＢＭ）も含まれ、九月三日にはトランプ政権になって初の核実験（都合六回目）も強行した。金正恩の狙いは、米国が北朝鮮の核保有を容認することや「金王朝」の体制維持などで、安倍首相もトランプ大統領もそれは見抜いている。

金正恩を「ロケットマン」呼ばわりし、北朝鮮の「完全破壊」にも言及するトランプ大統領の挑発的なツイッターが物議を醸《かも》しているが、「あらゆる選択肢はテーブルの上にある。軍事力行使を否定しない」というのが眼目で、安倍首相は冷静に日米連携の実を上げ、国際社会を「北朝鮮への圧力を最大限にまで高める」方向でリードしている。

日本のマスメディアと学者、野党政治家はこれを「安倍とトランプが北朝鮮との緊張を高めている」と、北朝鮮の核脅威を見ないふりをし、こちらに非があるかのように批判するが、彼らに「日本国民」としての自覚と現実感覚はあるのかと言いたい（彼らは宙空にでも浮かんでいるのか）。第三者的に論じる問題ではないことがわかっていない。

安倍、トランプ両首脳の連携は、中国が難色を示していた北朝鮮への原油や石油精製品に対する輸出上限を初めて設定することができた昨年九月十一日採択の国連安全保障理事会の対北制裁決議につながった。安倍首相はそれに先立ってウラジオストックでロシアのプーチン大統領と会談し、対北制裁への協調を促していた。日本が米露両国のあいだに立って国際的な役割を果たしたのは戦後外交で初めてと言ってよい。

そういえば、安倍首相は平成二十八年十二月、山口県長門市の温泉旅館「大谷山荘」でプーチン大統領と会談を行っている。「裸の付き合い」はバカにできない。安倍・プーチン会談は昨年末までで一七回を数えるが、個人的な親しみを相手に抱かせることも優位戦思考の実践である（「優位戦思考」の意味がわからない読者は、拙著『優位戦思考で世界に勝つ』〈PHP研究所〉をご参照あれ）。

相手を自らの望むところに誘導すればよい

では、トランプ大統領の外交方針とは何か。大統領選挙時に何を語っていたかを思い出してみよう。

「メキシコは、ベストでない人々、問題があり、麻薬や犯罪を持ち込む人々を送り込んでくる。彼らは強姦魔だ。なかには善良な人もいるかもしれないが、メキシコとの国境に壁を築き、その費用はメキシコに払わせる」

「イスラム教徒を入国禁止にする」

「日本は自国を攻撃されれば米国に防衛してもらうのに、米国が攻撃されても何もしないというのでは不公平だ。日本を含むアジア太平洋地域に米軍が駐留することに利益があるとは思わない。米国はかつてと立場が違う。以前は非常に強力で豊かだったが、いまは貧しい国になってしまった」

「日本や韓国に駐留する米軍の経費については、日韓がそれぞれ全額負担すべきだ。もし払わないなら米軍は撤退すべきだ」

「日本は北朝鮮による核の脅威から自力で身を守るために核武装をすべきだ」

こんな〝暴言〟を繰り返す人物が米国大統領になって一年余が経った。前著『新しい日本人が日本と世界を変える』（ＰＨＰ研究所）にも書いたことだが、そもそも誰が米国の大統領になろうと、日本は日本である。トランプ大統領の事実誤認に対しては、「間違っている」と言えばよいし、現に安倍首相は率直に意見を述べ理解を得ている。それは先述の米国による「拡大核抑止力」の提供を明記した共同宣言にも反映している。日本には戦略的思考が必要だと言う人は多いが、それは「誰かを怖がって遠ざける」ことではなく、「誰に寄り添えばよいか」をいちばんに考えるのでもなく、「相手を自らの望むところに誘導すること」である。そしていつの間にか、日本はそれができる国になっている。

トランプ氏に「哲学」があるとすれば何か

トランプ大統領は米国の立場から見て国際社会への不満や不公平感を強く持っているが、明確な「世界観」を持っているとは言えない。トランプ大統領に「哲学」があるとすれば、それは何か。

彼はドイツ系移民の父とスコットランドから移民として渡ってきた母とのあいだに生まれた移民三世である。父方の先祖はドイツでワインづくりに従事する貧農で、母方もスコットランド北部のルイス島で極貧生活を送っていた小作人の末裔である。

新天地米国で稼いで経済的に豊かになる――これがトランプ家の「家訓」のようなものである。米国に渡ってきた祖父のフレデリックは、シアトルの「売春を目的とする特殊飲食店の集まっていた地域」(日本では赤線地帯と言った)に小さな食堂を開業し、そこにバーを設けて客を集めた。

〈娯楽の乏しいフロンティアで、食事と酒、手軽なセックスを一つどころで提供するアイデアは悪くない商売だった。富豪トランプ家の創業者は風俗ビジネスによってアメリカ

ン・ドリームの階段を上り始めた〉（佐藤伸行著『ドナルド・トランプ』文春新書）

二代目のフレッドは〈狭いアパートにしか住んだことのない労働者〉に〈郊外風のレンガ造りの住宅を提供するという新たな市場を開拓〉し、〈大恐慌に立ち向かったフランクリン・ルーズベルト大統領のニューディール政策、とりわけ住宅建設によって景気をつくろうという公共政策の恩恵〉を受けたことと相俟《あいま》って、〈気が付くと、ブルックリン最大の住宅建設業者として名が知られるようになって〉いった。第二次大戦中から戦後にかけては帰還将兵や退役軍人のための住宅建設を海軍から請け負い、軍港の町バージニア州ノーフォークなどに次々と住宅を建設した。そして〈一九七〇年代までに、トランプ家は、大富豪の名をほしいままにするようになった〉（前掲書より抜粋）。

ドナルドは、この父の後押しを受けて「トランプ帝国」を築いた。一九七〇年代後半、グランドセントラル駅近くの老朽化したコモドア・ホテルを建て替え、グランド・ハイアット・ホテルに生まれ変わらせる大プロジェクトを手掛けたことで一躍不動産業界の寵児となり、ビジネスのスターダムにのし上がったが、〈父の信用力とコネクションがあればこそ、銀行融資を受けることができたのであって、あくまで父との「二人羽織」だった〉（前掲書）。

トランプ家の歴史を摘記したが、その「家訓」が「ビジネスの成功による富の獲得」であること、それに邁進《まいしん》する三代目としてのドナルド・トランプ氏の根っこがビジネスマンであることがわかる。であるなら、既存の政治家の言動や政治学から彼を分析しても見当違いということになる。

もともとは民主党に近かったトランプ氏が共和党から出馬したのは「勝てそうだったから」で、「儲かるか、儲からないか」が座標軸の打算主義者として、氏のビジネス哲学が「多くの選択肢を持つ」ことならば、数々の暴言の類も選択肢の幅をあえて挑発的に示し、その反応を見る計算なのかもしれない。

トランプ大統領を誕生させた米国民の「怒り」

実際、大統領に就任する前に発した暴言がすべてそのとおり政策化されているわけではない。たとえば不法移民対策である。二〇一八年一月二十五日、トランプ政権は新たな移民政策の基本方針を発表した。子供の頃に親に連れられ不法入国した若者に市民権取得の道を開く内容が盛り込まれ、野党・民主党の要求に譲歩した形となっている。ホワイトハウスの発表によれば、新たな基本方針は、幼少期に入国した若者の送還を猶予する制度（ＤＡＣＡ）の適用を申請した約八〇万人のほか、未申請者らを含む計約一八〇万人の不法移民の若者を、一定条件のもと市民権付与の対象とした。

トランプ大統領は、民主党の要求に応じる代わりに、公約に掲げたメキシコ国境の壁建設の費用や国境警備の強化費を賄う二五〇億ドル（約二兆七〇〇〇億円）の基金を設けるよう議会に求めているが、まさに取引として持ち出している。ビジネスの視点から考えれば、費用対効果に満足がいくことが重要で、不法移民が減少し、出入国管理が適正化されれば「壁」自体はこだわるものではなくなっていく。

〈入国管理を統括する国土安全保障省によると、２０１７米会計年度（16年10月～17年9月）に国境警備当局に逮捕された不法入国者は前年度比で23・7％減り、取り締まり強化の結果、不法移民の摘発数は政権発足後に40％増えた。イスラム圏を対象にした当初の入国凍結措置は裁判所に差し止められたが、北朝鮮やベネズエラなどを加えた9月の新措置は執行が認められた。

トランプ氏は米国の利益になる高度人材は受け入れる考えだ。だが、アフリカ諸国やハイチを「野外便所のように汚い場所」と呼んだと伝えられるなど、政策が特定の人種や宗教への差別と結びつけて報じられることが多い。政治任命の高官人事が進まないことによる態勢の未整備も、「トランプ発」の混乱に拍車をかけることにつながっているとみられる〉（『産経新聞』平成三十年一月二十日付）

この記事にあるように〈「トランプ発」の混乱〉は今後も続きそうである。トランプ大統領に一貫した政策があるかといえば、それを見出すことは難しい。それでも、米国民の約四割がいまもトランプ氏を支持するのはなぜか。

手がかりとしてはっきりしているのは、フランスの社会学者エマニュエル・トッドが指摘したように、これまでの米政権の誤った政策によって米国の中産階級が破壊されてしまったが、それを米国のエスタブリッシュメントは認めようとしないことに米国民は怒っていて、その怒りがトランプ大統領を誕生させたという事実である。

在米の国際政治アナリスト伊藤貫氏は、こう述べている。

〈アメリカの大企業五〇〇社の利益分配パターンを見ると、一九八〇年代までは五〇〇社の純利益のうちの五割が株主に還元され、四五％は労働者の賃上げと設備投資とR＆D（企業の研究開発）に充てられていた。しかし一九九〇年代のクリントン政権時から、株主が獲得する利益が急上昇した。二十一世紀になると、大企業五〇〇社の純利益の九割以上が株主に獲得されるようになり、労働者の賃上げや設備投資に回される企業利益はたった四〜五％程度になってしまった。オバマ政権の最後の二年間は、大企業の純利益が一〇〇％、株主に還元された。労働者の賃金上昇に使われた企業利益はゼロ（！）であった。オバマ政権時代、大企業の純利益は二倍以上になり、株式市場は三倍に高騰したが、九割の米国民の実質賃金は停滞したままであった。大統領が民主党であれ共和党であれ、「企業利益のすべてが株主と金融業者に獲得されてしまう、一般の米国民は何の利益も受け取らない」という不正で冷酷な経済体制になってしまったのである〉

〈民主・共和両党の政治家、マスコミ人、アメリカの「エリート」たちは、経済制度がこのようなアンフェアなシステムになったことに「気が付かないふり」をしてきたのである。昨年の大統領選で米国民の怒りがついに爆発したのは、当然のことではないか！〉

（「問題はトランプではない」『Voice』平成二十九年九月号）

トランプ氏は自身の勝利の理由を自覚している。伊藤氏は〈「トランプは異常人格者だ」という判断に賛成である。しかし筆者は、「トランプを引きずり降ろせば、アメリカは正常化する」とは思わない〉と述べる。私に言わせると、ここに「米国の内臓病」があるのだが、それについては後述しよう。

「シンゾーの言ったとおりになってきた」

さて、安倍首相はこうした米国の状況を踏まえつつ、「異常人格者」のトランプ氏と連携していくことに腐心している。だが、この苦労は驚くには当たらない。ロシアのプーチン大統領、中国の習近平国家主席、北朝鮮の金正恩・朝鮮労働党委員長、韓国の文在寅大統領、いずれも平衡がとれた人格とは言い難い。ヒトラー、チャーチル、スターリン、ムソリーニら第二次大戦時代の政治家を振り返っても思い当たる。安倍首相はそのなかで猛獣使いのように彼らと渡り合っている。

トランプ氏を手懐《てなず》けたと言っては言いすぎかもしれないが、それに関して私が興味深く読んだのは、昨年九月にニューヨークで開かれた日米韓の首脳会談の模様を伝えた『産経新聞』の記事である。

〈「北朝鮮への人道支援は逆のメッセージとなる。とても賛成できない」

会談でトランプは、韓国政府が唐突に打ち出した北朝鮮に対する800万ドル（約8億9千万円）相当の人道支援について、強い不快感を示した。

安倍も厳しい表情でこう語った。

「北朝鮮は、核やミサイル開発に回す金がある。その金を人道目的に回すべきじゃないのか?」

トランプは横で深々とうなずいた。（略）北朝鮮と対決姿勢を強めるトランプ、安倍には、文政権の人道支援の動きは「裏切り」に映ったに違いない。

緊迫した空気が流れる中、突然サプライズが起きた。

「ハッピー・バースデー、シンゾー!」

トランプが大声でこう語ると大きな誕生日のケーキが運び込まれた。この日に63歳の誕生日を迎えた安倍への粋な計らいだった。

日米両政府関係者から割れるような拍手。さすがの安倍も相好を崩した。（略）

日米韓首脳会談は昼食をとりながら約1時間。この後、安倍とトランプは同じホテルで約1時間の首脳会談を行った。「本当に重要な話をするときは、韓国は入れられない」と言わんばかりの対応だといえる〉（平成二十九年九月二十三日付）

昨年十一月に来日したときも、「ゴルフのほうが昼食よりも相手と親しくなれる。ゴルフがなければ私のビジネスは成功しなかった」と言うトランプ大統領は、二月のフロリダでの会談に続いて二度目の安倍首相とのゴルフを楽しみ、その夜、東京・銀座の鉄板焼き屋での夕食会の前、記者団に安倍首相との関係をこう語った。

「北朝鮮や貿易などの主要な課題で議論の真っ最中だ。私たちは類い希な関係だ。私たちも日米両国民も相思相愛。これほど日米が親密だったことはない」(『産経新聞』平成二十九年十一月六日付)

実際、トランプ政権発足後一年のあいだに、安倍首相とトランプ大統領が直接会談したのは五回、電話会談は一七回に上る。一昨年十一月に安倍首相がニューヨークに押しかけ訪問した際の会談で、熱心に国際情勢を説く安倍首相の姿勢にトランプ氏は好感を持ち、大統領就任後もトランプ氏が安倍首相に国際情勢に関する見解を求めるようになったという。たしかに政治経験や主要国会議への出席回数など、いまや安倍首相はドイツのメルケル首相に比肩する。北朝鮮情勢などについてもトランプ大統領は、「シンゾーの言ったとおりになってきた」と感心しているようだ。これは控えめな見方で、トランプ大統領はいまや「シンゾー」を最も頼りにしていると言ってもよい。

一昨年、安倍首相が打ち出した「自由で開かれたインド太平洋戦略」にトランプ大統領が〝寄り添って〟きた。トランプ大統領が来日時に横田基地で、「われわれは同盟諸国とともに自由で開かれたインド太平洋地域の発展をめざす」と演説したことでもわかる。

実際の政策でも、トランプ政権が昨年暮れに発表した「国家安全保障戦略」では中露両国を覇権主義的な「現状変更勢力」と断定し、「米国第一」を掲げながら、「自由や法の支配」などの価値観を共有する日本など世界各地の同盟諸国との連携を強化し、地域の安定と繁栄をめざすとしている。これは安倍首相の「地球儀外交」「価値観外交」に重なり合うものである。

もちろん、トランプ大統領が一方的に日本に〝奉仕〟することはない。防衛省は平成三十年度予算案に地上配備型迎撃システム「イージス・アショア」を盛り込んだほか、敵基地攻撃能力の保持を踏まえた巡航ミサイルの導入にも着手した。これは適宜米国製の兵器を導入することによる日米経済問題への対応でもある。トランプ大統領が安倍首相に親近感を持ち信頼を寄せるのは、個人的な関係だけでなく、日本が米国の利益にも配慮し、一定の役割を果たしているからである。これは「ビジネスとして悪くない」とトランプは思っているに違いない。

「蜜月」も「対立」も実務のうち

かつてロナルド・レーガン大統領と中曽根康弘首相とのあいだは「ロン・ヤス関係」といわれ、その親密さによって強固な日米関係を世界に印象づけた。現在の「ドナルド・シンゾー関係」も同じような印象を受けるが、先述したように「蜜月」も「対立」も政治家にとっては実務のうちで、状況によっていくらでも変わり得る。二国間関係に限らず、国際政治は安定と流動の繰り返しであると心得ておく必要がある。

今年（二〇一八年）十一月には米国の上院議員の三分の一、下院議員の全員を改選する中間選挙がある。米国内のメディアはいまも連日トランプ・バッシングである。〈朝の新聞記事から夜のTVニュースに至るまで、「トランプ政権がいかに失敗続きであるか、いかに腐敗しているか」、そして「トランプがいかに無知であるか、嘘つきであるか、乱暴者であるか」というネガティブなパターンの報道〉（前掲・伊藤貫氏「問題はトランプではない」）が続いている。

かりに民主党が圧勝すれば大統領弾劾の手続きが進む可能性もある。トランプ大統領が支持率を上げるために日本をやり玉に挙げる恐れもある、という声も日本政府内にあるようだが、それは何もうろたえることではなく、たんに想定しておくべきことの一つである。

ここで挿話を一つ。英首相チャーチルは、昭和十六（一九四一）年十二月十日、英国が誇る不沈戦艦プリンス・オブ・ウェールズとレパルスをマレー沖で日本海軍航空隊の雷爆攻撃によって失ったとき、「日本人は不思議な国民である」と慨嘆した。

曰《いわ》く「日本人は交渉というものを知らないらしい。交渉の最初はどこの国でも少しは掛け値を言うものだが、日本人は反論せずに微笑をもってそれをのんでくれる。そこでもう少し要求をエスカレートさせてみると、また微笑をもってのんでくれる。しかし、それを続けると、あるとき突然顔を上げると、その顔は別人のごとくになっている。刺し違えて死んでよいとばかりに攻撃してくる」と。

その当時の日本人にとって、戦争は一義的にビジネスではなかったからである。チャーチルが言いたかったのは、〝そんなに苦しいのなら、思いつめる前に言ってくれればよかった。そうすればイギリスだって戦艦とシンガポールを失わずに済んだ〟という後悔で、国家と国家が親善と戦争のあいだを「交渉」によって行きつ戻りつするのは、政治家にとってはゲームのような楽しみなのに、日本人には両極端しかないのか、という驚きの念がそこにあった。

国際政治、とくに外交にはビジネスとゲームの感覚がなくては参加資格すらないと言えるだろう。「蜜月」も「対立」も実務のうちで、それらを当意即妙に使い分けるのは、この感覚を持つことなのである。

考え得る対日要求の項目と返答例

では、ここでトランプ大統領が「蜜月」をやめる想定で、考え得る対日要求の項目を並べてみよう。

【要求】

①米国以外の国に自動車工場を建設するな。
②日本は米国に自動車を売って儲けすぎている。
③不当に為替を下げている。もっと円高にしろ。

④中国との領土紛争で米国の力を当てにするな。日米安保条約の米国側のコストを見直す。
⑤日本も核保有を検討すればよい。米国は止めない。
⑥米国の取引相手は日本だけではない。中国とも商売する。

以上を考えてみれば、「トランプ不安症候群」とでも言うべきものはほとんどビジネスに関わる話となる。カネで解決できる問題はさしてハードルが高くない。カネが出せなければ知恵を出せばよい。

以下、返答例を挙げてみる。

【返答】

①工場を米国につくろうがメキシコにつくろうが、日本製品の売れ行きには関係ない。わが国が世界中で売っているのはモノというより、モノを介した日本精神だからである。朝の集合時間を守るとか、手抜きをせずに働くとか、製品を使う人の身になってつくるとか、日本人にしか実践できない真心を込めて働くのがメイド・イン・ジャパンの真髄であ

る。どの場所でつくるかは重要ではない。
②米国がトヨタやホンダの自動車に文句をつけるのは、彼らも同じように工業製品としての自動車をつくって売っているからだ。それなら日本は米国がつくらないモノをつくろう。自動車がダメなら美術品や家庭用品としての自動車をつくろう。贈答品や記念品としての自動車でもよい。そのほうが、お互いの国が幸せになる。
③円高にしてもらって結構。日本企業は値段での替えがきかない製品をつくっている。海外旅行も安くなって得をする。「円安が善で円高は悪」というのは経済学学者の思考停止で、商品は同じものと措定している。
④米国の言うとおりである。中国が軍事力をもって日本の領土領海を侵すのであれば、日本が自ら戦うべきである。日米安保条約のコストの見直しは日本側もすればよい。
在日米軍の駐留経費については、日米地位協定で基地地主の地代などを除いて、いっさい米国が負担することになっている。しかし、物価上昇やベトナム戦争後の米国の財政危機やドルの急落に対し、昭和五十三（一九七八）年から日本が自主的に一部を負担してきた。別枠計上になる米軍再編関連予算などを除き、たとえば平成二十八年度予算では約五八一八億円を計上し、地代や周辺対策費、基地で働く人の人件費などに充ててきた。

米軍が駐留する国の中で日本の負担が突出して高いことは、米国防総省が二〇〇四年に公表した報告書が示している。それによると二〇〇二年に日本が駐留米軍一人当たりに支出した金額は約一一五五万円で日本側の負担割合は七四・五％。これはサウジアラビアの六四・八％、韓国四〇％、ドイツ三二・六％などを大きく上回る。かりに一〇〇％負担するとすれば、それはもはや「米軍」ではなく、日本国の「傭兵部隊」になるが、それで米国はいいのか。

⑤米国の言うとおりである。日本は核保有を宣言し、そのための準備を進める。したがって現在の在日米軍の規模を維持する必要もなくなるので、米軍は米本土防衛のため適宜撤収されたし。かりに米国の世界戦略上、日本に基地を置きたければその費用は米国が負担されたし。

⑥どうぞ、ご自由に。日本企業は国交回復後、中国（中国共産党）と商売を続けて山ほど騙され損をしてきた。米国も騙されたいのなら構わないが、商売をするなら誠実な相手をまず選ぶべきである。

――とまあ、こんな具合になる。気概を示した返答、数字付きで示した返答など、日本にはいろいろ選択肢があることを読者に理解していただければ結構である。

「新しい日本」の扉が開かれる

また、右の答えのなかに「誤字がある」と思った読者は、なかなか文章をよく読んでいる。あえて傍点を付けなかったが、③にある「経済学学者」は「経済学者」の間違いだと思われた読者がいるだろう。しかし、「経済学学者」という言葉は別に間違っていない。

日本の経済学学者はアメリカに留学してアメリカ人に経済学を教えてもらい、帰国した日から「経済学者」と名乗っている。経済学を学べば経済がわかったつもりになっているので、現場の取材や実践をしない。理論や統計に合わない現実は無視するか忘れる。

本当に経済のことが知りたければ、ラーメン屋でもパチンコ屋でも競馬場でも行って話を聞けばよいと思うが、自分はインテリで汗臭い労働者になりたくないと思っているからそういう場所には行かない。社長と一緒に食事はしても、課長や係長にはインタビューもしない。平社員やアルバイト、パートタイマーの話はもっと聞こうとしない。だから企業の内実や本音がわからない。が、経済学はアメリカで勉強したので一通り知っている。だから「経済学学者」なのである。

役所や新聞社、放送局、他の学問分野もだいたい似たようなものである。そこに属する彼らの本当の肩書は、たとえば「経済学産業省・経済学産業学政策課長」「○○新聞政治学部記者」「××テレビ社会学部記者」などが正しい。

これまでの日本外交はビジネス抜きの発想だったが、これからは違う。ビジネスの交渉はニコニコしながら握手し、もう一方の手は握り拳にしておくのが常識である。時には道義心を抑えて巧妙な嫌がらせもするし、お世辞も駆使する。ビジネスマンは現実重視で、そう認識すれば「トランプ不安症候群」への対応は可能だとわかる。

安倍首相は学歴エリートではない。神戸製鋼所でサラリーマンの経験もある。この過程が従来の日本のエリート層（端的に言えば東大から中央官庁や大企業へという道筋を歩んだ人々）が安倍氏を軽く見る意地悪さのもとになっている気がする。

しかし、これこそが安倍首相のビジネスとゲームの感覚につながっているのだと私は思う。岸信介を祖父に持ち、安倍晋太郎を父に持つ晋三氏は、たしかに政治家としては名門に生まれたが、従来エリートの傲岸とは無縁に育った感じがする。いわば庶民の底力を備え持っている。それが「新しい日本人」の指導者として「新しい日本」の扉を開こうとしている。トランプが「シンゾー」を頼りにするのは、この辺にも理由があると思われる。

さて、私は二十年以上前から世界が「日本化」することを予見して本に書いてきたが、安倍首相の登場と日本国民の底力によって、それがいよいよ目に見えて現実化してきたと思う。そこで本書では、各章の終わりに、その理由をまとめて再論する。

【理由①】

安倍首相の「地球儀外交」の成果で、中国、北朝鮮、ロシアなどを除けば、世界が日本の平和と繁栄に学びたがっている。「紛争、戦争は懲り懲りだ。お互い他国への干渉はやめて日本人のように仲良くしたい」と思う人が、世界で実際に増えてきた。日本の貿易黒字が続いていることが、それを証明している。

【理由②】

世界がトランプ大統領に対して戦々恐々としているのに対し、安倍首相は相手の懐に飛び込んで自分のペースに巻き込みつつ、価値観の共有により良好で強固な関係を築いた。たとえトランプ大統領が「蜜月」から「対立」へと転じて無茶な要求を突きつけてきても、日本には解決するための選択肢がいろいろある。日本のような国は、世界にはない。

第二章

アメリカという国の根本的なトラウマ

真剣の刃の上を歩む緊張

さて、現在の安倍首相とトランプ大統領の関係が良好であっても、「蜜月」を過ぎて倦怠期に入り、冷却していくことはあり得ると確認しておこう。国家間の付き合いとは、そんなものである。

人の一生は長い芝居の登場人物のようなもので、終幕までには何幕もある。一幕芝居でないのは国家と国家の交際も同じで、「昨日の敵は今日の友」、またその逆もあり、というのは歴史を見れば枚挙にいとまがない。

トランプ大統領は昨年九月の国連総会での演説で、北朝鮮の非人道性を訴えるなかで日本人拉致問題に触れ、「十三歳のかわいらしい少女が誘拐され、北朝鮮スパイへの語学教育を強要されている」と横田めぐみさんの例に言及した。米国の大統領が国連の場で拉致問題を訴えたのは、これが初めてである。

十一月の来日時も、安倍首相とのあいだで「北朝鮮に最大限の圧力をかける」ことを改めて確認し、さらに拉致被害者家族と直接会い、「大変悲しいことだ。どのような子供もあのような残酷な目に遭《あ》うべきではない」と問題解決への協力の意思を示した。こうしたトランプ大統領の言動の裏には、安倍首相の強い働きかけがあった。シンゾーがトランプを動かしたのである。

しかし、ここで冷静になる必要がある。拉致問題をめぐっては、この光景に既視感がある。ジョージ・W・ブッシュ大統領と小泉純一郎首相との「蜜月」の時代、二〇〇六（平成十八）年四月、ブッシュ大統領はホワイトハウスで訪米した横田めぐみさんの母、早紀江さんらと会い、「問題解決のために働きかけを強める。頑張っていきましょう」と語りかけた。このときブッシュは、背広の襟に拉致被害者の救出の象徴であるブルーリボンバッジを付けていた。その後も北朝鮮を非難する際に早紀江さんとの面会に触れ、「胸が張り裂ける思いだった」と語った。

それが二〇〇八（平成二十）年十月、ブッシュ政権は日本側の懸念を承知しながら、北朝鮮へのテロ支援国家指定の解除に踏み切った。「テロ支援国家指定」というのは、国際的なテロ活動を繰り返し支援していると米国が見なした国に対し、武器関連の輸出や販売の禁止、金融規制などの制裁を科す米国独自の措置で、ブッシュ政権当時はシリア、イラン、スーダン、北朝鮮が指定されていた。

指定が解除されれば、そのとき北朝鮮は世界銀行などから援助を受けられる道が開け、日本が北朝鮮に行っていた経済制裁の圧力と実効は減殺される。ブッシュ政権は北朝鮮が二〇〇六年十月以来二度目の核実験に向けた動きを見せると、核施設の検証方法で慌ただしく北朝鮮と合意し、指定を解除した。日本には事後承諾を求めただけである。北朝鮮はその合意を履行する意思はなく、時間稼ぎに使われ、その後北の核・ミサイル脅威は増大した。

トランプ大統領は昨年十一月二十日、北朝鮮をテロ支援国家に再指定した。大統領は再指定を「何年も前にやるべきだった」と述べたが、弾みとなったのは同年二月、金正恩・朝鮮労働党委員長の異母兄、金正男氏がクアラルンプールの空港で猛毒のVXガスを使って殺害された事件などを重く見た米下院が、四月に再指定を求める法案を超党派で可決したことで、それを受ける格好になった。採決前の討論では日本人拉致問題も取り上げられている。

北朝鮮に対して「最大限の圧力」をかけることにトランプ政権は動いているように見えるが、今後「核・ミサイル脅威の除去」を金正恩にチラつかせられた場合、ブッシュ氏が拉致問題解決への協力を棚上げしたように、トランプ氏が同様の方針変更をしないとは限らない。拉致問題だけでなく、北朝鮮の「限定的な核保有」を容認することもあり得る。そのことを安倍首相が想定していないはずはない。

ド・ゴールは「国家の名に値する国には、友邦など存在しない」と語った。さらに「同盟国とは、助けに来ることがあり得ても、決して運命をともにしない国である」とも。

トランプ大統領との個人的な親密さによって強固な日米関係、日米同盟を世界に印象づけている安倍首相だが、その内心には真剣の刃の上を歩む緊張があると想像する。戦後の日本がいかなる枠組みからスタートしたかを安倍氏は知っている。その体制からの脱却を掲げた第一次政権の挫折を経て、安倍氏はより強《したた》かになったと私は思っている。主権国家が他国の好意を当てにして国の方針を考えることは、あり得ない。他国の計算を見抜いてなら、あり得る。

安倍首相に様々な批判はあるが、安倍氏以外に誰が日本という国の存在意義を踏まえ「地球儀外交」「価値観外交」を構想し、それによって米国を日本の国益のために引きつけておく――その対価も払わねばならないが――ギリギリの外交を展開できるか。

「世界史に日本を刻む」行動

トランプ大統領は、安倍氏の「世界観」に一目置いているのではないかと思う。では、安倍氏の世界観とは何か。それは水平的に言えば現在の国際社会のなかで日本の位置を示すことであり、垂直的に言えば世界史のなかに日本の存在を正当に刻むことである。

われわれが「世界史」と思っているものは、実はヨーロッパの人間やシナの人間が書いたものばかりである。そこに日本人が登場することはほとんどなく、世界の一部である日本の歴史を含まないものが世界史であるかのようになっている。世界の歴史について日本人は書いてこなかったのである。これについては後述するが、安倍氏が政治家として「世界史に日本を刻む」行動をしているのは、たとえば第二次政権発足後の外交展開から察することができる。

安倍首相の「地球儀外交」は、氏の祖父である岸信介の首相就任後の外遊と同じ発想であることに気づく。

昭和三十（一九五五）年、安倍氏の祖父である岸信介は、保守合同で誕生した自由民主党初代幹事長となった。三十一年、石橋湛山内閣の外相を務め、三十二年二月、石橋首相の病気辞任を受けて首相に就く。三十二年五月二十日、岸は閣議で「国防の基本方針」を決定すると、その足で東南アジア歴訪の旅に出発している。これらは、訪米のための布石だった。

今日では、首相のアジア歴訪は珍しくもないが、それを始めたのは岸である。大東亜戦争中、東條英機がクアラルンプールを訪問した例はあるが、岸の訪問国はビルマ（現ミャンマー）、インドネシア、インド、パキスタンといった大戦の結果として独立を果たした国々のほか戦時の同盟国だったタイ、フィリピンやオーストラリアのような反日感情が強い国々、前後期合わせて一五カ国にも及んだ。これらの国を訪れることによって、再びアジアの盟主としての日本の立場を再構築することが岸の狙いだった。

同時にそれは、大戦を経て世界の超大国になり、日本の戦後をコントロールする米国に対し、日本の独立と、少なくともアジアをマネージするためには日本は無視できない存在であることを強く示すものであった。

後年、岸はアジア歴訪の意図をこう語った。

〈私は総理としてアメリカへ行くことを考えていた。それには東南アジアを先に回って、アメリカと交渉する場合に、孤立した日本ということでなしに、アジアを代表する日本にならなければいけない、という考えで行ったわけです。戦後は勿論誰も首相としてアジア諸国に行っていない。それらの国々の首脳と会って、アジアの将来を考え、アメリカとの関係を緊密にしなきゃならないと考えた。それでアメリカに行く前後に一五ヵ国を二つに分けて回りました〉(岸信介・矢次一夫・伊藤隆著『岸信介の回想』文藝春秋)

劣位戦から優位戦への展開の布石

岸は、ビルマではビルマ連邦共和国初代首相のウー・ヌーの、インドでは、ネルー首相の出迎えを受けた。

ちなみにビルマと日本の戦前の関係に触れておくと、イギリスの植民地だったビルマに日本軍が進攻したのは昭和十七(一九四二)年で、約五カ月でイギリスを追い出した。日本軍は政治犯として刑務所に収監されていたバー・モウを解放し、彼を行政府の長官に就けた。その後、わが軍政を経てビルマが独立を宣言するのは昭和十八年八月一日である。国家首席(アディパティ)となったバー・モウは、ビルマ方面軍司令官の河辺正三中将から政治・軍事の全権を委譲され、建国議会を開いて独立を宣言、新憲法を公布した。バー・モウは国軍最高司令官を兼ね、国防相にオンサン、外相を務めたのが、戦後岸信介を出迎えたウー・ヌーである。

ウー・ヌーは外相就任のとき、次のように演説している。

「歴史は、高い理想主義と、目的の高潔さに動かされたある国が、抑圧された民衆の解放と福祉のためにのみ生命と財産を犠牲にした例をひとつくらい見るべきだ。そして日本は人類の歴史上、初めてこの歴史的役割を果たすべく運命づけられているかに見える」

ウー・ヌーはその後、日本が敗勢に傾くにつれ日本との関係維持を主張するバー・モウらと別れ、日本に反旗を翻す側に回ったが、戦後に岸を迎えたときは格別の感慨があったようである。

インドにおいても岸は歓迎された。ニューデリー郊外で岸の歓迎演説会が行われ、三万人を超える聴衆が集まったという。ネルーはこのように語っている。

〈今、ここに日本の総理を迎えている。諸君は、日本という国を知っているか、地図を開いてみろ、アジアの端っこにある小さい島国が日本である。しかし自分は今日インド独立の大望を達して、インドとして独立したけれど、自分が独立の志を固めたのは日本のおかげである。自分はインドを独立させようと思ったけれど、アジア人はヨーロッパ人にはかなわないという観念が底にあった。ところが、このアジアの小国日本が世界最大の陸軍国であり、強大なる軍事大国であるロシアと戦って、これをやっつけたのだ。われわれの決意と努力によってはわれわれの望みは達せられる、自分は何度も投獄されたけれど、その度にそういう決意を固めたのだ〉(『岸信介の回想』)

当時、岸信介がアジア歴訪を決めたのは、独立を回復したとはいえ、不平等な安保条約のもと米軍が駐留したまま敗戦国の残滓を引きずる日本の総理大臣が、アメリカの大統領と堂々たる交渉するためには、日本のみならずアジアの代表として赴かなければならない、と考えたからである。これはアジアの代表と印象づけることで、劣位戦から優位戦への展開の布石であった。

祖父の衣鉢を継いで「地球儀外交」を展開する狙い

こうした祖父の軌跡を安倍氏が知らぬはずはない。安倍氏は祖父の衣鉢《いはつ》を継いで、第一次政権で戦後レジームからの脱却を掲げ、第二次政権以降は「地球儀外交」を展開している。いや、第一次政権からそれは始めていたが、それに気づき、日本国民に真っ当なかたちで知らせるメディアもなければ、安倍氏以外の政府関係者も関心が薄かった。短いスパンの外交しか考えていないと、当座の間に合わせや摩擦回避ばかりの発想になってしまい、長期的な展望を開く布石を打つことができない。

たとえば安倍氏は平成十九（二〇〇七）年八月、インドを訪問し、東京裁判でインド代表として判事を務めたパール判事の長男プロシャント・パール氏と面会している。パール判事は、戦勝国が事後法により敗戦国を裁くことに重大な疑義を呈し、「日本人被告全員の無罪」を主張した国際法の権威である。

安倍氏は「パール判事は多くの日本人から、いまも変わらぬ尊敬を集めている」と語りかけた。これは安倍氏自身の歴史観を日本国民に伝えるとともに、A級戦犯の合祀を理由に首相の靖国神社参拝を非難する中国や韓国に対し、それとは異なるインドの姿勢を対照させ、アジアには多様な歴史認識が存在することを浮き彫りにする狙いがあった。

フランスのAFP通信によれば、プロシャント氏は安倍氏との会談について、「非常に喜ばしいこと。父の公正な判断が人々の記憶にとどまっていてくれることを誇りに思う。戦争の片方の当事者のみを戦争犯罪で裁くことが可能だとは思わない」と述べている。

ＡＦＰ通信は、安倍首相とプロシャント氏との面会は、旧日本軍の行為に不快感を残すアジア諸国から反発を招くとして、周辺からは「面会せずに帰国を」との進言もあったが、それを総理が退け実現したと伝えている。「周辺」というのが当時の安部氏のブレーンなのか、外務省関係者なのかわからないが、彼らは、日本を世界史のなかに位置づけて大東亜戦争を見る目を持っていない。

安倍首相はチャンドラ・ボース記念館も訪れ、ボースの遺族にも会っている。「英国統治からの独立運動を主導したボース氏の強い意志に、多くの日本人が深く感動している」と述べ、ボースの姪にあたるクリシュナ・ボースさんは、「日本の人々がボースの活躍を覚えていてくれるのなら、私たちインド人も、ボースが英国の植民地支配に抵抗するためにインド国民軍を組織したことを支援したのが、日本だったことを思い出すべきだ」と答えた。

安倍首相は、こうした日印の歴史的関係について、アジア諸国だけでなく世界への発信を企図していた。ところが同行の日本人記者たちは、これらをほとんど報じなかった。日本にとって優位戦のための環境づくりという安倍首相の遠謀深慮にマスコミはまったくついていけなかった。残念なことに、体調不良を押してインドを訪問した安倍首相は、帰国後さらに悪くなり、政権維持を断念せざるを得なくなった。

第二次政権発足から平成二十五年末までを見ても、安倍首相は、ベトナム、タイ、インドネシアを皮切りに東南アジア諸国連合（ASEAN）の全一〇カ国、アメリカ、モンゴル、ロシア、トルコ、ミャンマーなど延べ二九カ国を訪問している。その後も首相が活発な外遊を続けるのは、父祖の遺志を確認し、それに連帯の歴史を持つ国々、地域への〝墓参り〟を続け、それをもって日本に味方し、共感する国を少しでも増やしていこうということである。

アメリカ合衆国とはいかなる国か

ドナルド・トランプ氏がヨーロッパからの移民三世であることは、先に述べた。米国は紛れもなく移民国家だが、その移民を制限しようというトランプ氏が大統領になった。これは建国の理念そのものを否定しかねない。そういう議論が米国内で続いている。

アメリカ合衆国とは一体いかなる国なのか。アメリカの建国の歴史を事典の項目ふうに手短に記せば、こうなる。

◎一四九二年、コロンブスが「新大陸」に到達。
◎一四九七年、イギリス・ヘンリー七世の援助でG・ガボットが後年のニューイングランド一帯を探検。
◎一六〇七年、イギリス人がバージニア植民地建設を始め、フランス人がケベックに、オランダ人がいまのニューヨーク付近に移住。
◎一六二〇年、イギリス本国の宗教的迫害を逃れた清教徒がニューイングランドに移住(ピルグリム・ファーザーズ)したことで植民地建設が本格化し、移住者はイギリス本国との抗争を繰り返しつつ次第に自治権を獲得。
◎一七七五年、東部一三州がイギリス本国に対して独立戦争を起こし、一七七六年独立宣言を発す。
◎フランスなどの支援もあり、一七八三年に完全独立を達成——。

アメリカには、自らの信念を普遍的正義と信じ、それを他者に押しつけてはばからない性向がある。これはアメリカという国の建国に起因するもので、アメリカが自らを「偉大な実験国家」と任ずるかぎり、共和党・民主党どちらの大統領になろうとも今後も変わることはない。日本はこの前提に立ってアメリカと向き合う必要がある。

ヨーロッパ諸国の〝棄民〟だった「新大陸」の植民地人

世界史について述べる前に、日本人として知っておくべきアメリカの歴史について述べておこう。

そもそも事実上はヨーロッパ諸国の〝棄民〟だった「新大陸」の植民地人が、いかにしてアメリカ人となっていったか。その意識の変化に、その後のアメリカ人を読み解くカギがある。独立戦争とは言っても最初はイギリス本国への抵抗である。イギリスから見れば「内乱」と言ったほうがわかりやすい。それが戦闘を繰り返すうちに、植民地人のあいだに「アメリカで生まれ育ったアメリカ人」という自己認識が高まっていった。

〈当時の人びとの意識は、独立革命派（愛国派）が全体の約五分の二、独立に反対の王党派（親英派）が約五分の一、残りの五分の二は中間派だった〉が、〈その流れが急速に変わったのは、一七七六年一月にトマス・ペインが書いた『コモン・センス』という冊子が広く読まれるようになってから〉である（猿谷要著『検証アメリカ５００年の物語』平凡社）。

ペインは一七七四年にイギリスから移住してきたばかりの印刷工だったが、この冊子は三カ月で一二万部も売れるという、当時の人口を考えれば驚くほどのベストセラーとなり、その文中には高らかに自由の価値が謳《うた》い上げられている。

〈現在にいたるまで、自由は地球上のどこでも迫害されてきた。おお、アメリカ人よ、この避難者を収容し、人道の基点をここに建設しようではないか〉（前掲書。傍点、日下）

圧倒的なイギリス軍を相手に苦戦を続けていた植民地軍の兵士にとって、自分たちはなぜ戦っているのかという疑問への答えがこの一文の中にあった。

各地域の代表による「大陸会議」は一七七四年九月にフィラデルフィアで第一回の会議を開いたあと、一七七五年五月に第二回の会議を開いたが、そのときには、すでにボストン周辺でイギリス軍との戦闘が始まってから一カ月が経っていた。大陸会議はヴァージニア州代表のジョージ・ワシントンを植民地軍の司令官に立て、一七七六年六月にはイギリス国王に対する忠誠から解き放たれて独立をめざす方針を決定。ベンジャミン・フランクリン、ジョン・アダムズ、トーマス・ジェファーソンら五人による独立宣言の起草委員会をつくり、七月四日に大陸会議として正式に独立宣言書を公布した。その後、アメリカはこの日を独立記念日とし、輝かしい次の一文を建国の理念とした。

〈すべての人間は生まれながらにして平等であり、創造主によって一定の奪いがたい権利を与えられ、そのなかには生命、自由、および幸福の追求が含まれていることを、われわれは自明の真理であると信じる〉

この理念は、イギリスのジョン・ロックが唱えた政治思想を原型とした。この理念に合致しないような政府は、人民がこれを廃止し、人民の安全と幸福を目的とする新しい政府を樹立する権利があるという趣旨の一文が続いている。これは、ヨーロッパ諸国がみな専制君主制であるのに対し、北米では、〝新しい共和制国家〟を、創造主に与えられた諸権利をもとに創造するという実験に乗り出したことを彼ら自身が宣したものである。だから、アメリカ人は、この戦いをたんにイギリスからの「独立戦争」とは呼ばず、「アメリカ革命」（American Revolution）、「革命戦争」（Revolutionary war）と誇らしげに呼ぶ。

当初から欺瞞に満ちていた〝普遍的正義〟

そしてたしかに、この「アメリカ革命」はその後の世界の流れに大きな影響を与えた。

フランス革命が起こり、南米ではスペインとポルトガルの支配を打ち破ろうと各地で独立運動が起きた。しかし、残念ながらこの実験は、「生まれながらにして平等」であることを、すべての人間に認めたものではなかったし、「生命、自由、および幸福の追求」の権利も、すべての人間に認めたわけではなかった。端的に言えば、イギリス系を中心とした「ＷＡＳＰ」（ホワイト、アングロ・サクソン、プロテスタント）と呼ばれる白人たちの権利だったのであり、それをイギリス相手に血を流すことで得たことは事実だとしても、彼らが〝普遍的正義〟と信じたことが、その当初から欺瞞《ぎまん》に満ちていたことは否定できない。

建国から二百四十余年経った現在、アメリカ人はたとえば次のような事実をどう認識しているか。イギリスから独立を勝ち取ったアメリカ人が、「自由な天地」と信じた北米大陸は決して無人の土地ではなかった。そこには先住民のインディアンが住んでいた。

だが、「西へ、西へ」と〝開拓〟して行った白人入植者たちによってインディアンの諸部族は土地を奪われ、一八三〇年、アンドリュー・ジャクソン大統領（第七代）が成立させたインディアン強制移住法によって約一〇万人がミシシッピ川の西オクラホマに強制的に移住させられた。

その後も南西部や西海岸などでアメリカ政府軍とインディアンの衝突は続いたが、ジェロニモ酋長率いるアパッチ族が鎮圧され、一八九〇年にはウーンデッド・ニーが殺害されたことでインディアン諸部族の抵抗は終息した。

生き残ったインディアンも次第に白人が決めた居留地に閉じ込められ、その居留地すらも一八八七年成立のドーズ法（居留地に住むインディアン個々に一定の土地を割り当てることで、それ以外の余剰地を白人に提供することを主な内容とした）によって二十世紀初頭にはすっかり解体されてしまった。

ドナルド・トランプの祖父フリードリッヒ・トランプが、ドイツ北部ブレーメンを出港する客船の三等船室にスーツケース一つで乗り込み米国に渡ったのは、ドーズ法成立の二年前（一八八五年）のことだという。十九世紀末、ニューヨークにはすでにドイツ系移民が多数住み着いていた。

〈世紀の変わり目には「ベルリンに次ぐ世界第二のドイツ人の都市」などとも呼ばれ〉、〈西部開拓が進む中、アメリカは移民を求めていた。一九世紀後半、ドイツでは急激な人口増が起きており、移民の大供給源になっていた〉（『ドナルド・トランプ』）

インディアンを〝駆逐〟しながら、「新天地のアメリカ人たち」は非有色人種の移民を求めたのである。そもそも、インディアンの多くが白人との平和共存を望んでいたことが、現在明らかにされている英文の史料に残されている。各地に住むインディアンの代表は、当初はアメリカ大統領を訪ね、白人の襲撃、略奪などに対する苦情を述べたあと、みな白人との平和共存を願ったという。

しかし、結果的にそれが受け入れられることはなかった。初代ワシントン、三代目ジェファーソンまでは、訪ねてきたインディアンの代表に会ってその話を聞くという誠実さだけは示していたようだが、ジャクソン大統領になると、その政策は先述したとおりの酷薄なものに変わり、彼は「ジャクソニアン・デモクラシー」と評価されるほどの民主主義を推し進めながら、非白人、非キリスト教徒のインディアンには、その権利を認めることはなかったのである。

「選民意識」と「人種差別撤廃」が同居する国

アメリカ人の考える正義の普遍性、その範囲がどんなものであるか。もう少し見てみよう。

一八四八年一月にカリフォルニアで金鉱が発見されるとゴールド・ラッシュが起こり、

アメリカ人の西への膨張熱はピークを迎えるが——その当時のカリフォルニアはまだアメリカ領ではなく、アリゾナ、ニューメキシコ、ネヴァダの一部を含め、みなメキシコ領だった。アメリカは一八四六年から国境問題を理由にメキシコと戦争状態にあり、一方的勝利を収めたことで一八四八年二月にカリフォルニアを併合した。こうしたアメリカ人の膨張熱に大きな影響を与えたのが、「マニフェスト・デスティニー」（Manifest Destiny＝明白なる天意）である。

ニューヨーク生まれのアイルランド系アメリカ人で、『デモクラティック・レヴュー』という雑誌の編集者だったジョン・L・オサリヴァンが、『ニューヨーク・モーニング・ニューズ』紙に発表した一文で初めて「明白なる天意」という表現が使われたとされる。〈自由ならびにわれわれに委託された連邦自治政府の偉大な実現促進のため、神の摂理によって与えられた大陸全土に領土を拡大し、所有することは、われわれの明白なる天意の権利に基づくものである〉（傍点、日下）

外交評論家の田久保忠衛氏によると、『米外交政策百科事典』（オックスフォード・ユニヴァーシティ・プレス、一九九七年刊）には、「明白なる天意」「神の摂理」という言葉についてこう説明されているという。

〈現代人によっても、あるいはそのときそのときの歴史家たちによっても使われる言葉で、あらかじめ運命づけられていないにしても、とくに十九世紀には国家の偉大さに向かっての自然の前進を米国人は信じたと説明されている。国家の命運信仰は何も米国人だけのものではない。その信仰を持たない国家や帝国はこれまで存在しなかった。しかしながら、一八四〇年代の「マニフェスト・デスティニー」の推進者たちにとって、この言葉は米国が政治的にも領土的にものし上がっていくのだという一般の人々による信念を反映していた。彼らはこの信念の根拠として、国家の拡大は米国民のユニークな資質――自分たちのエネルギー、気力、米国という国家の持つ民主的制度、自らの文明の恩恵を他の不幸な人々にまで及ぼさなければならないとする義務感――によって実現するのだ、との考えを持っていた〉（日下・田久保忠衛・志方俊之著『国益会議』ＰＨＰ研究所）

また田久保氏は、当時アメリカ政府の司法長官を務めたキャレブ・カッシングが、一八五九年にマサチューセッツ州議会でこんな演説を行ったことを同書で紹介している。

〈われわれは優れた白人種に属し、つまり男性にあっては知性の、女性にあっては美しさの完璧な具現化、それこそ力と特権であり、どこへ行こうと、どこにいようと、キリスト教化し、文明化し、従属を命じ、征服し、君臨する権力と特権を持っている。私は自分の血と人種である白人とは、かりに英国のサクソン人であろうとアイルランド系のケルト人であろうと、同格であると認める。しかし、米国のインディアンやアジアの黄色人種やアフリカの黒人が私と同格であるとは認めない〉（前掲書）

演説終了とともに、議場からは割れるような拍手が起こったという。一八五九年は、ペリーの来航（一八五三年＝嘉永六年）から六年後である。当時のアメリカ人がどのような認識でわれわれを見ていたかがこの演説からもわかる。公平を期すために記しておくが、田久保氏は、〈彼の見解が選挙民にずっと支持されたわけではない。カッシングは八年間の下院議員生活を送りますが、そのあと選挙民からあまりに露骨な考えを拒否されて落選しています〉とカッシングのその後に触れ、アメリカが少数民族に「平等な機会」を提供しようと努力を払ってきた事実も認めなければならない。アメリカは「選民意識」と「人種差別撤廃」が同居する国である、と述べている。

アメリカが、そうした二つの意識のあいだで揺れ動く国だというのはそのとおりであろう。日本との関わりで見ても、たとえば先の大戦で日本海軍をミッドウェー、マリアナで撃破したアメリカ海軍のレーモンド・スプルーアンス提督は、焼け野原の和歌山市に上陸したとき、ボロ服に裸足で飢えた日本人を見て、「この人たちはこんなになっても戦い続け、カミカゼを送り出して降伏しなかったのか。われわれアメリカ人には他人を必要以上に追い詰める悪い癖があるのではないか」と友人に手紙で書き送っている。

自らの性向を自省するアメリカ人もいる

余談ながら、スプルーアンスは昭和二十年四月六日、「一億総特攻のさきがけ」として戦艦大和以下の第一遊撃部隊が沖縄に出撃したのを迎え撃った米第五艦隊の司令長官である。彼は一九〇七（明治四十）年、米海軍の少尉候補生として遠洋航海に出て横須賀に寄港し、日露戦争における日本海海戦勝利の指揮官東郷平八郎に出逢っていた。

〈挨拶の言葉をかわしたわけでもなく、ただ眼前を通るトーゴーの姿を見ただけだったが、あの感激は忘れられない。以来、トーゴーは私のあこがれであり、私の師でもあった〉（児島襄著『戦艦大和』文春文庫）

「大和」の出撃を知ったスプルーアンスはこう考える。

〈戦いには計算も重要だが、もうひとつ、名誉という要素も加わる〉〈「ヤマト」は世界一の大艦でもある。私は、私の尊敬するトーゴーが育てた日本海軍の誇りを、トーゴー・スタイルで葬ることがトーゴーの霊魂にたいする手向けであり、日本海軍の名誉ある最期にもなると思う〉。だから「大和」は飛行機では沈めたくない。スプルーアンスは麾下《きか》の戦艦、重巡を主力とする水上部隊に「大和」との砲戦を命じる。

結果的には「大和」が偽航路をとったことと米偵察機の位置情報の誤認が重なり、大和が佐世保に向かうかもしれないと判断したスプルーアンスは、それでは水上部隊は追いつけないことから、第五八機動部隊に航空攻撃の許可を与え、「大和」は四月七日、坊ノ岬沖で艦載機の集中攻撃を受けて沈められた。

ここに見られるのは、戦争とテロリズムを分かつものは何かということ、国家の行為としての戦争が辛うじて政治の手段に踏みとどまり得るということであると同時に、いつの時代の、どんな人種、民族に生まれようが、人は必ず多様性を持つということであり、一事をもってすべてを決めつけることはできないということである。

トランプ大統領の発する差別的発言も、それだけを切り取って一方的に何かを断じることはできない。そうした自制心をもって観察し、判断していくことが大切である。アメリカ人のなかにも、自らの性向を自省する人はいる。それを前提に、日本はアメリカの本質に関わる事象をはっきり見ていく必要がある。

実現しなかった「償い」

たとえば、アメリカがいかにハワイを併合したかを振り返ってみよう。現在ハワイはアメリカ合衆国の一州だが、十九世紀末までは「ハワイ王国」という独立国家だった。イギリスをはじめとする欧州諸国、アメリカ、日本とも外交関係を持ち、とくに日本が欧米諸国との不平等条約で苦しんでいた明治初年、最初にその治外法権の撤廃を約束してくれた国でもある。日本からの移民を受け入れてくれた国で、太平洋の最も近しい友人と言ってよかった。

一八七四年に即位したカラカウアは「憂国の王」と呼ばれた。カラカウアは一八八一年に国際親善の旅に発《た》ち、イギリスやイタリアなど欧州諸国、香港、タイなどへの訪問とともに来日している。明治十四（一八八一）年三月で、横浜港に上陸し、横浜駅から特別列車で新橋駅に着き、当時の皇居だった赤坂離宮に向かっている。このとき国王は、横浜港の通関も、鉄道の運行も、みんな日本人が仕切っているのを見て、「どこにもハオール（ハワイ語で白人）がいない」と強い感銘を受けたという。

十九世紀末のアジア・中東諸国は、社会基盤のほとんどに欧米列強の資本や技術が入り込んでいて、当初は白人の力を借りたにせよ、その後、急速にそれらを自家薬籠中のものにしていったのは日本しかなかった。白人の跋扈《ばっこ》がない日本に感動したカラカウア王は、日本が望んでいた治外法権、不平等条約の解消を約束し、国王側からはハワイ先住民の深刻な人口減少を補うべく、日本からの移民を懇請することになった。

そのハワイを、アメリカは一八九八年に自国領土として併合した。その経緯は極めて乱暴なもので、当時すでにハワイ経済を牛耳っていたアメリカ系の白人企業家グループが一八九三年、私兵を動かしてリリウオカラニ女王にクーデターを起こしたことに始まる。しかも駐ホノルル米公使と米軍艦がクーデター派に協力して武装海兵隊を上陸させている。

このときアメリカ大統領は共和党のベンジャミン・ハリソンだったが、政権交代によって三月四日に民主党のグローバー・クリーブランドが大統領に就くと、アメリカのハワイ併合はいったん休止する。クリーブランドはハワイに調査団を派遣し、その報告を聞いたうえで「米国の名と軍事力が友好的な関係にある国家の独立と主権を脅かすことに誤って使われた場合、米国は国家の尊厳と正義の名の下にあらゆる努力を講じて、その償いをするだろう」という声明を出した。

しかし結果的に、その「償い」は実現しなかった。クーデター派はやがてハワイを丸ごとアメリカに〝寄贈〟する申し出を行い、一八九七年に共和党のウイリアム・マッキンリーが大統領に就くと、翌年アメリカはハワイ併合へと突き進んでいった。クーデター派というのは、大航海時代から続く植民地化の尖兵たるキリスト教の宣教師とその一党である。当時のハワイ王国は、彼らの常套手段である「島民の啓蒙、教化」を名目にしたアメリカ系の宣教師によって経済も政治の大勢も握られていた。

今日でもジュースメーカーとして知られる「ドール」に名を残すサンフォード・ドール以下サーストン、スミス、ジャッド、ダモンの五人の「宣教師とその息子たち」で、彼らは土地所有観念のない島民から土地を寄進させ、国王領以外の多くがハオール（白人）の私有地になっていた。議会もハオールが多数を占め、カラカウア王が訪日した折にも「宣教師の息子たち」の一人が随行し、時の駐日総領事もR・アーウィンというアメリカ人だった。

カラカウア王は極秘で明治天皇に会談を申し入れ、妹のリリウオカラニに継いで王位に就くはずだった姪のカイウラニ王女と山階宮定磨王（のちの東伏見宮依仁親王）との婚儀を〝打診〟している。明治天皇はこの婚儀の打診に対し、翌明治十五年、宮内省式部官を派遣し丁重に謝絶した。その理由は、日本の皇室にはその前例がないこと、皇族とハワイ王国の王女との婚儀によってハワイに既得権益を有する米国との関係を懸念したからだった。心ある日本人が切歯扼腕《せっしやくわん》しているあいだに、アメリカは着々とハワイを掌中に収めていった。

以下に、アメリカによるハワイ併合をめぐってコラムニストの高山正之氏と対談した折の内容（日下・高山正之著『日本はどれほどいい国か』ＰＨＰ研究所）を要約して述べておく。

ハワイ併合に際しての「歴史のｉｆ」

一八八七年、ハワイ王国の実権を握る「宣教師の息子」たちは、カラカウア王に閣僚の罷免権の剥奪など国政への関与を一切否定する新憲法の署名をさせた。この憲法の署名はハオール（白人）の私設軍隊ホノルル・ライフル部隊が決起したなかで行われたため、「銃剣憲法」と呼ばれている。

これに対し、一八九一年に王位に就いたリリウオカラニ女王は、九三年一月、憲法の改正案を議会に通告し、最後の巻き返しに出た。改正案は、（1）ハワイ貴族の権利を回復する、（2）高額納税者（白人）以外のハワイ先住民に投票権を認める、（3）閣僚罷免権は議会が持つ——などを骨子とするもので、「旧憲法下で享受された外国人の特権」については「剝奪されない」とギリギリ譲歩した。

一月十四日、ホノルルのイオラニ宮殿に各国の外交官らが招かれ、リリウオカラニ女王の新憲法発布と復権宣言が行われるはずだったが、ハオール（白人）優勢の議会が〝女王の横暴〟を許すはずもなく、土壇場で新憲法は潰された。女王を立てる先住民と白人勢力の対立が一挙に表面化し、翌日には先住民数百人が宮殿前で女王支持のデモを展開したが、前年の暮れにワシントンでハリソン大統領と会談してハワイ併合の了解を取り付けていた「宣教師の息子」の一人ローリン・サーストンらは、新憲法発布の動きと民衆のデモを敵対行動ととらえて一気に王朝打倒に動き出した。

彼らは駐ハワイ米公使ジョン・スティブンスと協議して、ホノルル港に停泊中の米軍艦「ボストン」とその海兵隊を動員する約束を得、スティブンスは十六日、「血に飢えた、そして淫乱な女王が恐怖の専制王権を復活させようとしている」と訴えて「米国人市民の生命と財産を守るために」と「ボストン」の海兵隊員一六二人を強行上陸させてホノルル市内を制圧し、同艦の主砲照準をイオラニ宮殿に合わせた。リリウオカラニ女王は米戦艦ボストンの砲口の前に屈し、翌十七日夕、退位を宣言。この瞬間、ハワイは人の手を離れ、「宣教師の息子」たちのハワイ臨時政府のものとなった。

しかし、ワシントンでハリソン大統領がハワイ併合の条約案を上院に提出したとき、彼の任期は二週間しか残っていなかった。先に述べたように三月四日、就任式を終えたクリーブランド新大統領は上院に条約案の撤回を求めるとともに、元下院外交委員長J・ブラウントを団長とするハワイ問題調査団の派遣を決め、併合がしばらく見送られた。

そして、ここに「日本」が登場してくる。王朝が倒れて約一カ月後の二月二十三日に巡洋艦「浪速」、五日遅れてコルベット艦「金剛」がホノルル港に入り、米軍艦「ボストン」のすぐ隣に投錨した。「浪速」の艦長は、大佐時代の東郷平八郎である。同じ艦上に若き海軍将校がいて、それは先代国王カラカウアに王女との結婚を求められた山階宮定麿王だった。

カラカウア王との約束で明治十八（一八八五）年から始まった日本人のハワイ移民は、この年までに二万五〇〇〇人を数えていた。その日本人移民の「生命と財産の安全を守るため」というのが日本の軍艦派遣の表向きの理由だったが、存亡の危機に見舞われたハワイ王朝からの緊急要請があったともいわれている。

その根拠はカラカウア王が訪日の際に約束した不平等条約改定を認める公文書が一月十七日付で届けられたことで、この日付はまさに女王が退位を宣言した日であり、女王は最後の公務にこの治外法権放棄の文書署名を選んだことになる。日本政府はこれを梃子に、その後、日清、日露戦争を戦い抜いて列強との不平等条約を次々解消していった。当時の日本の指導者たちにハワイ王国への感謝の念は深かったであろうと思われる。

入港した「浪速」は臨時政府に対し冷淡な態度をとり、寄港の挨拶も行わなかった。東郷平八郎が受けていた命令は在留邦人の保護だから、直接的な軍事行動は起こさなかったが、あえて「歴史のｉｆ」を言えば、ハワイ先住民と日本人移民を糾合してハオール（白人）たちを制圧し、一時的にでも日本が後押しして女王を復権させていたらどうなっていただろうか。

「浪速」は約三カ月間、ハワイにとどまり、クリーブランドが約束した政府調査団が派遣されるのを待って、いったん帰国。翌年、再びホノルルに戻った。ハワイ臨時政府は〝建国一周年〟を祝う二一発の礼砲を「浪速」に要請したが、東郷艦長は「その理由を認めず」と突っぱねた。ホノルル港在泊の各国軍艦はこれに倣《なら》い、一八九四年一月十七日のクーデター一周年は「ハワイ王朝の喪に服すような静寂の一日に終わった」と、ハワイ王国の最期をテーマにした米国のノンフィクション『盗まれた王朝』（ジョン・ワイリー著）は書いているという。

国を奪われた民の悲惨さを目撃

さて、ここで公平を期すためにクリーブランド大統領の命じた調査がどうなったかも述べておく。ブラウント調査団はたしかにアメリカ人宣教師の二世、三世グループが仕組んだクーデター劇を暴き、公使のスティブンスが米軍艦と海兵隊員を使ってハワイ王朝を葬ったことを明らかにした。

クリーブランドは一八九三年十二月、「米国の国名と軍事力が乱用された」ことを認めてハワイ王国に謝罪し、リリウオカラニ女王の復位に協力を誓ったが、結果的にアメリカ議会がこの件に結論を出すことはなかった。「米国人グループが反乱罪に問われ斬首される」というデマが支配したためだといわれるが、クリーブランドの任期は一八九七年三月で終わり、翌九八年八月に「宣教師の息子」の一人、ドール・ハワイ共和国大統領がハワイを丸ごと米国に〝寄贈〟して併合は完了した。クリーブランドは「この問題すべてを恥ずかしく思う」と語ったが、それで事態がどう変わるものでもなかった。

この結果、現在のハワイ州の四〇％にのぼるカメハメハ王朝の土地が米政府に譲渡され、「ビッグ・ファイブ」と呼ばれた宣教師の息子たちは、所有していた土地をそのまま私有地として認められ、大地主として併合前と同じように経済の実権を握り続けた。

その後、米議会がハワイ王国の違法な奪取を認める決議を出し、先住民に謝罪するとともに、米政府もアメリカやハワイ州政府が不法に接収、利用してきたハワイ王国領について、過去十年分として一億三五〇〇万ドル（約一五〇億円）の用地借り上げ料を支払い、先住民の福利厚生に充てる「歴史への償い」を明らかにしたのは、併合百年後の一九九三年十月のことである。

私は、一九六〇年代に初めてハワイを訪れて以来、何度も行っているが、その折々に目撃したことは、国を奪われた民の悲惨さだった。昭和四十二年頃だったと記憶しているが、「住宅産業調査団」を率いて全米を回りハワイのオアフ島に立ち寄ったとき、現地のデベロッパーにオアフ島のダイヤモンドヘッドの裏側に新しく宅地開発をして売り出しているからと連れて行かれた。

分譲地は入り江沿いにあって、ヨットやモーターボートを家の前に繋留できるというのがセールスポイントだった。市街よりも三割高く売れるという。ウォーターフロント開発の流行の始まりだったが、彼らが何度も言ったことは「あなたも買えます」。その意味は「これまで白人以外は土地を買うことができないという法律だったのが、最近撤廃され、外国人はもちろん、有色人種も買えるようになった」ということだった。こうした差別的な法律はたくさんあって、主力産業のサトウキビの売買も白人しかできないようにしていた。これが最大の輸出産業だから、ハワイ人に自立の道など考えようもなかったし、日本人移民もすべて小作の〝奴隷〟にされた。

明治から長年月を経て、ようやくそうした差別的な法律が撤廃され、経済活動が自由化された途端、資力のありそうな日本人を見ればぺこぺこ頭を下げて売りたがってくる。そうした分譲地をいくつか回って、翌々日だったか、今度は逆の方向に案内された。そこでは「シルバーリゾート」と銘打った分譲マンションが売られていた。「ここに来れば安く暮らせます。メイドもいくらでもいます」という。何とも殺風景な寂しい場所で、案内のアメリカ人と近くで昼食をとったら、そこは「ハワイ土人居住区」だった。その店では食事とダンスをサービスしてくれるが、接客に出てくるのがみんな大相撲の力士のような体格をしていて驚いた。

一九八〇年代に入ってからの訪問だったが、「ここはたしか小錦の生まれた町ではないか？」と聞いたら、「そうです。私は小学校時代の同級生です」と言う。「私も日本へ行って相撲取りになって大金持ちになりたい」と。

「なんで行かないいんだ」と聞くと、「あいつは強かった。小学校時代から特別強かったけれど、私はだめです」というような会話を経てわかったのは、彼らは学校に行っても差別されるだけで、土地だけでなく事実上教育も奪われている。だから、「学校に行ってないから会計がわからない。働くとしても下働きばかり」だという。

アメリカは、一八一〇年にカメハメハ大王が建てたハワイ王国を〝奪った〟のである。付言すれば、このときアメリカは米西戦争（アメリカ＝スペイン戦争）によってスペイン領のフィリピン、グアム、プエルトリコをも手に入れている。フィリピンでは一年以上も前から海軍がスペイン軍を攻撃するための準備をしていた。彼らの「明白なる天意」の〝開拓〟対象は「新大陸」だけではなかった。

バラク・オバマ氏の出生と成長

このハワイ生まれの米大統領がバラク・フセイン・オバマ氏だった。〈ケニア人の父と米国のハートランド（保守的な地域）出身の白人の母という異なる人種の両親を持つオバマ〉（駐日米国大使館HP）の出生地に疑念を表明し、それを突いたのがトランプ氏である。トランプ氏は、「オバマの本当の出生地はケニアだ。外国生まれのオバマに大統領になる資格はない」と、自身が大統領選への出馬を検討していた二〇一一年から主張していた。

米国大統領の被選挙権は、三十五歳以上でアメリカ合衆国国内における在留期間が十四年以上であること。出生によるアメリカ合衆国市民権保持者であることが定められている。「出生による市民権保持者」とは、アメリカが採用する出生地主義に基づき国籍を得た者か、合衆国市民を両親として海外で出生した者で、生まれた時点においてアメリカ合衆国籍でなければ大統領候補の資格がないということになる。

これは二〇〇八年の大統領選挙でも民主党の対立候補だったヒラリー・クリントン陣営も取り上げており、トランプ氏だけがオバマ氏の出生地に疑問を呈したわけではない。

しかし、トランプ氏は執拗だった。オバマ氏は二〇〇八年にハワイ州が発行した出生証明書の抄本を公表し、二〇一一年には原本を公表した。

オバマ氏の母アン・ダナムは、米カンザス州の小さな町で生まれ育ち、家族とともにハワイ諸島に引っ越した後、ハワイ大学に留学していたケニア人奨学生バラク・オバマ・シニアと出会い、二人は一九五九年に結婚した。そして一九六一年八月四日、ホノルルでバラク・オバマ・ジュニアが生まれた。

その二年後、オバマ・シニアは家族をハワイに残してハーバード大学大学院で学び、その後ケニアに帰国して政府のエコノミストとなった。オバマ少年が父親と再会したのは、十歳のとき、ただ一度だけであった。

オバマが六歳のとき、母親がインドネシア人の石油会社重役と再婚した。一家はインドネシアに移住し、オバマは四年間、首都ジャカルタの学校で学んだ。その後、彼はハワイに戻り、母方の祖父母のもとで高校に通った。

――これがオバマ氏の出生と成長に関わる〝公式〟の発表である。

ヒラリー・クリントン氏にトランプ氏が勝利した要因

ドナルド・トランプ氏がドイツ系の移民三世であることは、すでに述べた。父のフレッド・トランプは、〈二〇世紀の二度にわたる世界大戦とホロコースト（ユダヤ人大虐殺）によって、ドイツ人のイメージがビジネスに悪影響を及ぼすことを恐れ、スウェーデン移民を名乗った。このためにトランプ一族をスウェーデン系移民と信じ込む誤りは今もはびこっているが、父方のルーツはドイツ南西部ファルツ地方にあるのであって、決して北欧スカンディナビアではない〉（『ドナルド・トランプ』）。

トランプ氏のオバマ氏批判は、米国社会にあって「ルーツ隠し」をした家系の男が、別の男のルーツに疑念を呈して批判した、という構図になる。ここにアメリカの抱える根の深い矛盾がある。移民国家としてのアメリカは、先住民や黒人奴隷の存在は置き去りにしながら、「新天地」にやってきた移民たちの〝正統性〟をめぐる軋轢《あつれき》を抱え、それが近年、非白人のヒスパニック系の急増にともなって大きな不安定要素になっている。

ヒラリー・クリントンにドナルド・トランプが勝利した要因は、そこにある。これまでの米政権の政策によって貧富の差が著しく拡大し、生活基盤を破壊されたと感じた中産階級の怒りがトランプ大統領を誕生させたと先に述べたが、それは主に「白人たちの怒り」であった。民主党の予備選で「社会主義者」を称したバーニー・サンダースが圧倒的な優位に立っていたヒラリー・クリントンを相手に四六％もの票を獲得したのは、予備選に参加した白人の民主党員の六割がサンダースに投票したからである。ヒラリーはそれに対抗するために巨額の政治資金を投じて黒人とヒスパニック系の組織票をかき集め、なんとか凌いだらしい。

アメリカの人種構成は急激に変わりつつある。多数派を占めてきた非ヒスパニック系の白人は、二〇四四年には米国史上初めて多数派ではなくなる。白人の十八歳未満の若年人口は、早くも二〇二〇年には五割を割ると米国勢調査局は予測している。

白人の自殺者も増えている。一九九九年から二〇一四年のあいだの自殺率は二四％上昇し、わけても四十五歳から六十四歳までの中高年の白人男性の自殺率は四三％上昇したという（米国疾病管理予防センター）。

白人自殺者の増加は、白人労働者階層が苦境に陥っているからだという分析が多い。苦境の原因は何百万もの移民の存在で、これがアメリカの労働賃金を下げる要因となり、合法移民ならまだしも違法移民がそれを助長しているのは許せないという白人の怒りにつながっている。

トランプ支持者の約八〇％が「移民はアメリカの雇用と住居を奪い、ヘルスケアを搾取しており、アメリカにとって負担になっている」と思っている（『ドナルド・トランプ』）。

さらにウォールストリートの国際金融資本と歴代政権が推し進めたグローバル化の経済政策によって製造業の工場と雇用が外国に移転されたり、グローバル企業が合法違法を問わず積極的に移民を雇用したりしたことなども「白人たちの怒り」を買った。

トランプ氏は、「ウォール街と結託するクリントン候補は邪悪だ」と訴えたが、それはオバマ氏への批判でもあった。バーニー・サンダースも、ワシントン政治とウォール街の「結託」を批判して支持を集めたが、トランプ氏もサンダース氏も名指しした「ウォール街」は何を象徴しているか。それは民主、共和両党の主流派が推進してきた経済のグローバリズムである。グローバル経済がアメリカ国内のローカル経済を疲弊させ、中間層を苦境に追いやったのである。

経済のグローバル化を称揚する国際金融資本や多国籍企業にとって、国境はまったく関係がない。彼らは事業を展開する国々の歴史伝統や慣習に関心はなく、尊重する気もない。むしろビジネスの障壁と考えている。安い労働力を確保できるなら国籍は問わず、不法移民でもかまわない。低賃金で社会保障も考えなくて済む。トランプ大統領はこのグローバル経済にストップをかけ、「米国（民）を第一」にするというのである。

掠奪精神とキリスト教のセット

また、アメリカにはアファーマティブ・アクション（積極的差別解消策）がある。「黒人や少数民族、女性など歴史的、構造的に差別されてきた集団に対し、雇用や教育などを保障する政策」で、一九六〇年代に導入された。以後、政府機関、連邦政府と契約関係にある企業や大学などでその規模に応じて一定の枠内で雇用、入学を法律で義務づけるか行政指導をしてきた経緯がある。

この政策はアメリカという国の成り立ちを考えれば、顧《かえり》みられるべき措置ではあるが、白人層に対する逆差別ではないか、憲法違反ではないかという批判が常にあり、レーガン政権、ブッシュ政権時にはとくにそうした見方が強まった。ただし連邦最高裁は、制度自体についてはは合憲と判断している。

そもそもアメリカ社会に根深い「黒人差別」とは何かというと、「新天地」にやってきた白人たちがアフリカ大陸から奴隷を求めたことに原因がある。一六四〇年代から一八六五年まで、「新天地」への入植者はアフリカ人とその子孫を合法的に奴隷化していた。その所有者は圧倒的に白人だった。奴隷制度そのものは太古から世界各地にあり、このとき初めてつくられたものではない。

大航海時代から奴隷貿易はあったが、近代の奴隷貿易は主にアフリカ大陸の黒人がその対象とされ、欧米にとっての「新世界（今日の北米だけでなく中南米も含む）」の植民者たちの活動、とくに輸出向け農産物を生産する大農場、貴金属や宝石を採掘する鉱山で使用される労働力の供給を目的として活発に行われ、その主役はスペインとイギリスで十六〜十九世紀にかけて西アフリカの黒人を西インド諸島やアメリカ大陸に大量に〝輸出〟した（一八六〇年のアメリカの国勢調査では奴隷人口は四〇〇万人に達していたという）。

これを端的に言うと、白人にとって有色人種は「家畜」であると見なした時代があったということである。今日《こんにち》どんなに言葉を飾っても、彼らの根本にあるのは拡張思考であり、掠奪精神だったと言ってよい。キリスト教はそれとセットだった。掠奪精神を「人間」の当然の権利に置き換えるためにキリスト教を理解して信者になる者は知性や理性があり、それがない者は「家畜」となるべき存在であって人間ではない——したがって奴隷にしてもよい、蹂躙してもよい——という〝常識〟が白人キリスト教徒の開拓精神であり、「明白なる天意」に含まれていた。彼らはそれによって世界を支配し、それはおおよそ四百年続いた。

現在のアメリカが抱える重い「内臓病」

この話の飛躍はキリスト教の問題を含め、あとで詳しく述べるが、アメリカにおける奴隷制度は南北戦争終結後の一八六五年十二月、合衆国憲法修正第一三条の成立で公式には終わったことになっている。奴隷制を廃止し、その廃止を継続すること、犯罪歴のある者などの例外や自発的でない者の隷従を禁じるといった内容で、エイブラハム・リンカーンによってこの修正が指示された（リンカーンが同年四月十五日に暗殺されたため、アンドリュー・ジャクソンが引き継いだ）。

ちなみに南北戦争とは、大規模な奴隷制による農場経営を基盤とする南部諸州と商工業が盛んで奴隷制に反対する北部諸州の対立から内乱に発展したもので、一八六一年から六五年にかけて戦われた。ちなみに南北戦争の開戦時の日本はペリーの来航から八年後で、幕末の風雲が急を告げげつつあった。

南北戦争は北軍の勝利で奴隷解放は実現したが、北軍には一八万六〇〇〇人余りの黒人が正式に陸軍兵に、三万人が海軍兵として戦闘に参加していた。戦死率は白人兵と比べて四割近く高かったという。彼らは自らの血と命を奴隷解放に捧げたのである。しかしアメリカにおける「黒人問題」は、その後も続いた。

ここで今日のアメリカに戻ると、トランプ支持者の約七五％が「白人に対する差別は黒人およびヒスパニックに対する差別と同じくらい大きな問題だ」と考えているという。トランプ支持の白人は、アファーマティブ・アクションの結果、ヒスパニック系や黒人が優遇される「逆差別」が明らかに生じているという認識である。

〈オバマが大統領に当選した際、「黒人の大統領が誕生した以上、アメリカでは人種問題はもはや意味がなくなる」とする「人種問題の歴史の終わり」を説く論者もあったが、度のすぎる楽観論だった。

オバマの登場によって、マイノリティーに対する白人の湿った反感が強まり、人種問題という病理はむしろ社会に深く内攻するようになった〉（『ドナルド・トランプ』）のである。

オバマ氏はイリノイ州上院議員に選出された頃にこう語っている。

「白人、ラテン系、アジア系などすべての労働者に経済的な不安をもたらしている、より大きな経済的な力に対処せずに、人種差別だけを成功への障壁だとするアフリカ系米国人は、大きな考え違いをしている」

たしかにオバマ氏は、従来の人種的対立を克服することのできる新しいタイプの政治家として期待され大統領になったが、建国時から内包する移民国家の理念と内実としてのご都合主義を抱えたまま、アメリカ国内のローカル経済を顧慮しないグローバリズム経済の推進によって、「アメリカの中の分断」を乗り越えるどころか、その溝を深めることになった。人種問題とグローバル経済が、現在のアメリカが抱える重い「内臓病」である。

「強欲」を原動力とする資本主義が大手を振ることに

アメリカが移民によってできた国である以上、〝移民精神〟のマイナス面も見なければならない。アメリカ国内では独立心や開拓精神、進取の気風や勤勉、刻苦欠乏に耐えた経験などの移民精神のプラス面だけを聞かされることになるが、いかに理念を取り繕おうとも、まず移民の主流であるヨーロッパ系の人々のルーツの多くが、トランプ家がそうだったように、社会的階層の低い経済的にも貧しい階層の出身だった。新大陸にやってきた彼らは第一に貧困との決別、経済的繁栄を求めるようになった。それが高じると際限のない「強欲」となり、「強欲」を原動力とする資本主義が大手を振ることになる。それは常に大きな危険を孕む。

記憶に新しいところで再確認するなら、二〇〇八年に起きたリーマン・ショックである。リーマン・ショックの原因は「サブプライム住宅ローン」で、その証券は紙くず同然となり、それを組み込んだ金融商品の価格も下落し、市場では投げ売り状態になった。金融主導で「強欲」を商品化した報いといえばそれまでだったが、このサブプライムローンに乗っかった大手投資銀行グループの「リーマン・ブラザーズ」が倒産し、それが引き金となって世界的な金融危機が起きた。金融工学を駆使したモラルなき秀才たち、その「強欲」が経済を動かした結果である。

現実との乖離が建国の理念を脅かす

私はここで、アメリカという国の根本的なトラウマ（精神的外傷）を思わざるを得ない。先に述べたように建国二百四十年余という若い国であり、初めはイギリスから、ヨーロッパから、やがて世界各地からの移民によって〝人工的〟に構成された国である。アメリカは、その歴史のなかで第二次英米戦争での一時的敗北以外に国内を戦場にされたことがない。

ベトナム戦争は痛手だったに違いないし、「9・11テロ」という非対称戦争を仕掛けられもしたが、自国領土が蹂躙《じゅうりん》されたとまでは言えない。徹底的な挫折感、敗北感を味わったことのない者は、そうした経験から教訓を導き出すこともない。それは人間にしろ、国家にしろ、同様のことである。成熟から遠いのはやむを得ないと言える。

アメリカの独立宣言は、「すべての人間は平等に造られている」ことを謳い、譲るべからざる自然権として「生命、自由、幸福の追求」の権利を掲げている。この「人類」普遍の理念のもとに出自の異なる移民が集まって国家を形成しているが、それぞれ異なる相手に対する警戒心や狡猾さが見え隠れしている。それが均等な条件のもとで競い合えば全体としてより大きな力が生み出される——とするのがアメリカン・ドリームを語る人たちだが、現実がそんな〝良き競合〟になっていると言えないのは先に述べたとおりである。

人種問題に象徴される現実との乖離がアメリカの建国理念を常に脅かしている。アメリカ人が恐れるのは、アイデンティティ・クライシスである。これは一般的には、自分の主体性や社会的役割を見失って不安定になることとされるが、移民の後裔たる彼らは、アメリカという国を常に意識していなければ自らの存在を保てない。

アメリカでは幼稚園児の頃から星条旗に忠誠を誓わせるように、国民にある種の緊張感を強いることで一体感を維持している。建国のときから「頼れるものは自分だけ」という過剰な信念を持ってきた。イギリスはじめヨーロッパの干渉を撥《は》ねつけるだけの実力を常に持っていなければ、再び植民地にされてしまうという強迫観念、植民地独立戦争に起因するトラウマを、いまだに「白人のアメリカ」は引きずっている。

彼らは〝America is the best〟と言い続け、周囲にもそれを認めさせなければ気が済まない。日本の価値観では、それは〝はしたない〟と考えるが、彼らは絶えずそうした自己肯定、自己認識をしなければ、ヨーロッパからの事実上の棄民、流民の末裔という劣等感と、かつてヨーロッパから受けた干渉、圧迫の記憶から解放されない。これは現代の米国政治と関係ないように見えるが、深層にあることは間違いない。それは共和党・民主党といった党派性に関係なく、移民国家アメリカの根っこにあるもので、日本人は彼らが抱える「内臓病」とともに、その発症因子であるこうした劣等感、トラウマを理解しておく必要がある。

その意味で精神分析的に言えば、宗主国たるイギリスから受けた干渉や圧迫から解放されるために、アメリカはひたすらイギリスを凌ぐ帝国主義の国として起《た》つべく十九世紀を駆け続けたと言ってよい。その積極さ（獰猛さ）の一端は、ハワイ併合のくだりに述べたとおりである。

さて、世界が「日本化」する理由を再論する。

【理由③】

紛れもない移民国家であるアメリカで、移民を制限しようというトランプ氏が大統領になった。建国の理念そのものを否定しかねない議論が国内で続いていて、社会が分断しかねない様相を呈している。日本とは対極的である。

【理由④】

人種問題とグローバル経済が、「アメリカの中の分断」を乗り越えるどころか、その溝を深めることになった。それにより、アメリカが抱える「内臓病」が顕在化し、内向き化はどんどん進む。一方の日本は外向き化している。

【理由⑤】

「新天地」にやってきた白人たちは第一に貧困との決別、経済的繁栄を求めるようになった。それが高じると際限のない「強欲」となり、「強欲」を原動力とする資本主義が大手を振るようになったが、「リーマン・ショック」で破綻したことは記憶に新しい。「強欲資本主義」とは対極に位置する人間味がある資本主義を実践しているのは、どこの国か。

第三章

白人キリスト教徒は世界に何をしてきたか

ヨーロッパ人の飽くなき征服意欲を支えたもの

アメリカという国の歴史を振り返ってきたが、そもそも西欧の白人キリスト教徒は、大航海時代から「世界」に何をしてきたかを見てみよう。

大航海時代を短く説明すれば、こうである。

〈一五世紀から一七世紀前半にかけて、ポルトガル・スペインなどのヨーロッパ諸国が、航海・探検により海外進出を行なった時代。ディアスの喜望峰回航、ガマのインド航路開拓、コロンブスのアメリカ到達、マゼランの世界周航などが行われ、商業革命・価格革命・封建貴族没落などの影響が生じ、ヨーロッパによる世界支配の契機となった。発見時代〉（『大辞林』第三版）

この短い文章には「探検」「航路開拓」「商業革命」「価格革命」などの前向きな印象の言葉が並んでいるが、これだけでは具体的に西欧人が何をしたのかわからない。この時代、「探検」や「開拓」とは植民地の収奪のことである。

十五世紀の地理上の発見とともに十九世紀末に至るまで、ヨーロッパ諸国がアフリカ、アジア、南北アメリカで行った植民地収奪を大前提にしなければ、日本という国家の世界史における位置はわからない。ヨーロッパ人の飽くなき征服意欲を支えたのは、先に述べた米国史に出てくる「明白なる天意」と同質のキリスト教を背景にした一種の選民意識で、当時のヨーロッパ人がキリスト教徒以外の有色人種を同じ人間とは見なさなかったという事実にもつながる。

一四九三年、当時の大国であるスペインとポルトガルの植民地獲得競争を円滑化するために、ローマ教皇アレクサンドル六世（在位：一四九二〜一五〇三年）が、大西洋のベルデ岬諸島の西を通る子午線から西方をスペイン、東方をポルトガルの勢力圏と定めた境界線を引いた。これを「教皇子午線《きょうこうしごせん》」という。

その後、この境界線は勢力争いを続けるスペイン、ポルトガル両国の交渉によってトルデシリャス条約（一四九四年）、サラゴサ条約（一五二九年）と修正が加えられたが、足利時代の日本人がまったく知らないところで、その境界線は日本に及び、列島は近畿地方以北がスペイン領、以南の中国四国、九州はポルトガル領にされていた。

さらには、インディオは人間か否かという議論があった。「新大陸のインディオも理性ある人間として扱われるべきである」という回勅をローマ教皇パウルス三世（在位：一五三四～一五四九年）が一五三七年に出した。人間か否かをめぐる議論があったこと自体が今日からすれば驚きだが、その五年前にピサロがすでにインカ帝国を征服していた。そしてこの回勅があっても、また聖職者の中にインディオを蹂躙する行為に反対する者がいても、中南米では白人キリスト教徒による有色人種への弾圧や収奪は止《や》まなかった。彼らの多くが、インディオを迫害しても宗教的な信条に反しているとは考えなかったからだ。

十六世紀に入ってスペインによる南米の植民地政策は「エンコミエンダ（Encomienda）」と呼ばれた。エンコミエンダとはスペイン語で「信託する」という意味で、新大陸の先住民に関する権利と義務をスペイン国王の主権のもとに特定の植民者に信託することを指し、その権利は先住民に対する徴税権、義務は先住民を保護し、キリスト教（カトリック）に改宗させることだった。信託された者は「エンコメンデロ」と呼ばれたが、彼らの正体はインディオの保護者ではなく、海賊や征服者だった。

メキシコのアステカ王国を破壊したコルテスやインカ帝国を滅ぼしたピサロなどが有名だが、彼らは、インディオを砂金の採取や鉱山の採掘、過酷な荷役などに従事させる〝奴隷〟にし、拷問や火刑によってキリスト教への改宗を迫った。インディオが悲惨だったのは、キリスト教に改宗しても重税や苦役から逃れることはできず、改宗しなければしないで、殺戮や陵辱の対象となったことである。

スペイン、ポルトガル、ナポリ、ミラノ、ネーデルランド、アメリカ大陸、フィリピンにわたる世界帝国を建設したフェリペ二世（在位：一五五六～一五九八年）のエル・エスコリアル宮殿にあったのがイエズス会本部である。フランシスコ・ザビエルがそこを発って日本の鹿児島に上陸したのは一五四九年、日本は戦国時代だった。

これが日本におけるキリスト教布教の最初とされるが、宣教師はエンコミエンダの〝尖兵〟だと見抜いた豊臣秀吉は、一五八七年にバテレン（伴天連）追放令を出し、徳川幕府も一六一二年に禁教令を出して以後、日本は一貫してキリスト教に対して禁制政策をとった。

十九世紀に様変わりしたアジアの地図

西欧列強がどのような有色人種支配をしたか。今日の日本人はそれを忘れている。

いや、知らない。ポルトガルによるティモール島の支配を例に挙げれば、彼らは原住民には文字を教えず、農耕用鉄製品の所有さえ極度に制限した。反乱の武器に転用されることを恐れたからである。そして白人絶対の教育を徹底した。白人は日常生活でも絶対の威厳をもって有色人種の上に立ち、平等意識の芽を摘んだ。

反抗する住民には処罰と投獄が待っていた。オランダ人でも、フランス人でも、イギリス人でも、アメリカ人でも同じことだが、植民地では使用人に何か与えるとき、手渡すことなく床に投げ捨てて拾わせた。

そうしたヨーロッパ人の征服欲が頂点に達し、世界の分割がほぼ完了したのが十九世紀で、アジアの地図も様変わりした。

一七六七年から九九年にかけマイソール王国がイギリス東インド会社と戦って敗れた結果、イギリスは南インドにおける支配権を確立する。一八一九年に中部インドものみ込まれ、一八五七年にセポイの反乱が起きると、イギリスは本国軍を投入してこれを鎮圧し、ムガル皇帝を廃した。そして東インド会社を解散し、ビクトリア女王がインド皇帝を名乗る直接統治の「インド帝国」をつくることで全インドを支配した。

ビルマも一八二四年から三次にわたってイギリスに侵攻され（ビルマ戦争）、一八八六年に英領インドの〝属州〟として植民地にされた。ビルマ国王夫妻は英領スリランカに流され、その地で死亡する。王子は処刑され、王女はイギリス軍の士官の従卒に与えられた。その後、イギリスの勢力はマレーシアとシンガポールにまで及ぶ。

インドシナ半島にはフランスが触手を伸ばした。一八四七年のダナン砲撃からベトナムへの侵略が始まり、一八八三年に保護国にすると、一八八七年にはラオス、カンボジアを含めたフランス領インドシナ連邦を形成した。インドネシアも、イギリスを駆逐したオランダ東インド会社が香料貿易を独占し、マタラム王国の内紛に介入するかたちで保護国化、一八一六年にオランダ王室の直接統治とされ、一八三〇年にヨーロッパ向け作物の栽培が強制された。

日本の隣国の清国も一八四〇〜四二年の阿片戦争でイギリスに屈服し、十九世紀末までにインド、ビルマ、マレーシアがイギリス領、インドシナ（ベトナム、ラオス、カンボジア）がフランス領、スマトラ、ボルネオ、ジャワがオランダ領、フィリピンがアメリカ領、ビスマルク諸島がドイツ領とされ、南半球のオーストラリアもイギリスが獲得した。

分割支配されることになった広大なアフリカ大陸

アフリカ大陸も、一八八〇年代から第一次大戦前の一九一二年までヨーロッパの列強によって激しい植民地争奪が行われた。十五世紀のポルトガル、スペインの侵出以来、ヨーロッパ列強は現地のイスラム教徒の王国や諸部族と抗争を続けていたが、当時は主に奴隷と象牙などの希少品の供給源で、内陸部を支配するコストに見合う収奪品に乏しかったため、列強の侵出は大陸の港湾など沿岸部にとどまっていた。

それが産業革命の進行と奴隷制度の廃止によって、工業生産のための原料供給地と製品市場の両方を兼ねる植民地として考えられるようになり、列強はこぞってアフリカ大陸各地の獲得にしのぎを削った。時代はたしかに奴隷貿易を廃絶するようになったが、さりとてヨーロッパの白人たちがアフリカの人々を人間と見なしたとは言えない。人間と見なしたとしても、それは人種的、文明的に自分たちより著しく劣った存在であり、けっして同等ではなかった。

彼らが独善的なのは、アフリカ大陸の人々を支配するに当たって、ヨーロッパ的な価値観や宗教、政治制度、言語や文化などをはるかに優れたものとして、それを未開の人類に与えるのは「文明化」する行為、"altruism（利他主義）"に基づくと考えたことである。利他主義とは、「自分を犠牲にしても他人の利益を図る態度・考え方。愛他主義」のことで、哲学的には、他人の福祉の増進を道徳の基礎とする主義とされる。彼らは自らの植民地獲得を文明化と利他主義の名のもとに正当化したのである。

　一九一二年にイタリアがリビアを獲得したことで、リベリア（一八八二年にアメリカの黒人解放奴隷が入植して建国）とエチオピアを除く広大なアフリカ大陸が、ヨーロッパ列強七カ国によって分割支配されることになった（エチオピアも、一九三六年から四一年の間はイタリア領東アフリカとしてイタリアの統治下に置かれた）。

　以下に、おおよそを列記しよう。


【イギリス領】

　エジプト、エジプト領スーダン、東アフリカ、ウガンダ、ソマリランド、西アフリカ、黄金海岸（現ガーナ）、ガンビア、シエラレオネ、ナイジェリア、南ローデシア（現ジンバブエ）、北ローデシア（現ザンビア）、ベチュアナランド（現ボツワナ）、南アフリカ（現南アフリカ共和国）、ニヤサランド（現マラウイ）、バストランド（現レソト）、スワジランド、モーリシャス、セーシェル

【スペイン領】

　プラサス・デ・ソベラニア、スペイン領モロッコ、（現モロッコの北端及び南端）、イフニ、サハラ（現西サハラ）、リオ・デ・オロ、サギア・エル・ハムラ、セウタ、メリ

リャ、ギニア（現赤道ギニア）、アンノボン島、ビオコ島、リオ・ムニ

【イタリア領】

リビア、イタリア領東アフリカ、エリトリア、ソマリランド（現ソマリア）

【ドイツ領】

カメルーン、ドイツ領東アフリカ、ブルンジ、ルワンダ、タンガニーカ（現タンザニア本土）、ドイツ領南西アフリカ（現ナミビア）、ドイツ領トーゴラント（現トーゴ・ヴォルタ州）

【フランス領】

北アフリカ、アルジェリア、チュニジア、フランス領モロッコ、フランス領東アフリカ、フランス領インド洋無人島群、コモロ諸島、フランス領ソマリランド（現ジブチ）、フランス領マダガスカル、フランス領赤道アフリカ、フランス領ウバンギ・シャリ（現中央アフリカ共和国）、ガボン、フランス領コンゴ（現コンゴ共和国）、フランス領チャド、フランス領西アフリカ、フランス領ギニア（現ギニア）、コートジボワール、フランス領スーダン（現マリ共和国）、セネガル、フランス領ダホメ（現ベナン）、モーリタニア、ニジェール、オートボルタ（現ブルキナファソ）

【ベルギー領】

ベルギー領コンゴ（現コンゴ民主共和国）

【ポルトガル領】

ポルトガル領アンゴラ、アンゴラ本土、ポルトガル領コンゴ（現カビンダ州）、ポルトガル領モザンビーク、ポルトガル領ギニア（現ギニアビサウ）、ポルトガル領カーボベルデ、ポルトガル領サントメ・プリンシペ、ウィダー（現ベナン南部）、サントメ島、プリンシペ島

有色人種は「家畜」と見なされた時代

南北アメリカから原住民の王国が消滅し、アフリカの分割が完了したことで地球上のほとんどすべての地域がヨーロッパ人の支配下に置かれたことになる。

人間の尊厳を無視した冷酷な植民地支配を、なぜヨーロッパの白人たちは痛痒を感じず実行し得たのか。本当に「利他主義」の行為と信じ切っていたのか。

昭和十八（一九四三）年に陸軍に応召し、ビルマ戦線に歩兵として従軍、イギリス軍の

捕虜として昭和二十二年に復員するまでラングーンに抑留された会田雄次氏（京都大学名誉教授・評論家、故人）がその捕虜体験をもとに書いた『アーロン収容所―西欧ヒューマニズムの限界』（中公新書）で率直に記したように、彼らにとって有色人種は「人間」の範疇に入っていなかったというのが当を得た見立てだと思う。

会田氏が捕虜の雑役として英軍士官室を掃除中、その部屋の主の女性士官が彼の目の前で裸になって着替えを始めた。

「日本人を含むアジア人を犬か鶏か、家畜なみに思い込んでいる。だから裸を見られても別に羞恥心も働かない」

それが大変興味深かった、と会田氏は言う。

そういう目で英国の植民地政策を見ると、サーカスの動物の調教に似ている。人間（白人）には絶対勝てないことを鞭（弾圧）で十分思い知らせて反抗を押さえ込み、代わりに餌を与え、好ましい植民地人をつくるためには人種交配も平気で行う。

「鞭」といえば、ウインストン・チャーチルは、第二次大戦直前にビルマ独立の嘆願にロンドンを訪れたウー・ソウ首相と会見したあと、ビルマ総督だったレジナルド・ドーマン・スミスに「彼らに必要なのは鞭だ」と語ったという（クリストファー・ソーン著／市川洋一訳『米英にとっての太平洋戦争』上下、草思社）。

肉体にではなく、その精神に鞭打つ話もある。イギリスはインド国内に鉄道を敷設し、インド人もそれを利用したが、利用するだけだったインド人が、日露戦争の日本の勝利などに刺激を受けてやる気を出し、「われわれだって機関車をつくれる」といって実際につくったらしい。それで、宗主国人たるイギリス人に「どうです。褒めてください」と言うつもりで披露したら、イギリス人は烈火のごとく怒って、「おまえたちに機関車を保有する資格はない。二度とつくるな」とメチャメチャに壊してしまったという。

人間だけが文明の利器を操れる。人間でない者がそれを考えるのは摂理に反することらしい。やはり有色人種は「家畜」と見なされた時代だったと言うべきなのだろう。

人間相手なら〝洗脳〟、猿が相手なら〝救済〟

ここでキリスト教にまつわる私の記憶と体験を記しておこう。

私の母は神戸生まれのクリスチャンだった。宗派は「聖公会（英国国教会）」（アングリカン・チャーチ）で、ローマ・カトリック教会、プロテスタント諸教会、東方正教会などと並んでキリスト教世界の有力な宗派である。一五三四年、離婚問題を契機に英国王ヘンリー八世が「国王至上法」をもってローマと絶縁したのが始まりで、以来カトリックへの復帰、ピューリタンの離脱などの曲折を経ながらも旺盛な海外伝道を行い、カンタベリー大主教座（カンタベリー大聖堂）のもと、世界中に約四五〇〇万の信徒がいる。日本には安政年間の一八五九年に初めて伝えられ、明治二十（一八八七）年には「日本聖公会」が独立した。教義はプロテスタントで、儀礼・礼拝はカトリックという独自性がある。

母の信仰の関係もあって、戦前からわが家は外国人との交際があった。相手は主にイギリス人やアメリカ人、インド人などだったが、四国の高松に家族揃って移り住んだときも（私は小学生だった）、そうした交際は続いていた。その交際者の一人に若いアメリカ人女性がいて、独り暮らしをしていた。それが昭和十六年夏、突然帰国した。家の掃除もしないまま、それこそ〝ある日突然〟である。彼女は諜報活動に従事していたのだろうと思う。身に危険が迫ってきたことを察知したのか、アメリカ本国のしかるべき筋から帰国命令があったのか、ともかく彼女はあっという間に姿を消した。

高松の近くにある善通寺は、陸軍第十一師団の衛戍地《えいじゅち》で、警戒が厳しいが高松ならそれほどでもない。しかも対岸の広島は第五師団の衛戍地である。舟艇を用いて敵前上陸の訓練をしていたりするから情報収集の拠点としては悪くない。彼女は近所の子供たちを集めては、やたらと菓子や玩具を与えて手懐けていたが、家人が何を話題にしているかなど、おそらく子供たちとの話から怪しまれずに情報を得ようとしていたのだろう。

私は子供心にも「騙されないぞ」と思っていたが、なぜそのような警戒心が生じたのかといえば、わが家は信徒の集会所になっていて、外国人のキリスト教徒に身近に接する機会があったからである。イギリス聖公会から派遣された牧師が一体どんな話をするか、イギリス聖公会に留学した日本人の若い牧師がどのように感化されて帰ってくるか等々の関心を抱いた。帰国した若い牧師は「国際政治」を語るようになっていたが、それはイギリスから見た世界が基《もと》になっていた。

誤解を恐れずに言えば、イギリスの政治と英国国教会は一体であり、牧師もまたその政治を担っている。この場合の政治とは狭義の意味ではなく、人間社会の思想や価値観に関わることである。信仰と政治が一体になっている国というものが存在することを私は実感した。キリスト教を伝道する彼らにとっては意識せざることかもしれないが、その伝道が彼らの国の政治と一体だったことはたしかである。

日本も、「国家神道」という宗教によって国民が一色に染め上げられ、軍国主義に駆り立てられたように戦後は言われたが、実感として、そんなものはごく一時期、戦局の悪化にともなう逼迫感、危機感のなかで喧伝されたものでしかなかった。日本には戦前から神社もあれば、キリスト教会もあり、日本人子弟を対象にしたキリスト教会系の学校はたくさんあったし、いまも大いに健在である。

日本人の集う大きな教会で、イギリス人牧師の下で働く真面目な女性がいた。賢くて、信仰心も厚い。聖書もしっかり読んでいた。私も母に連れられ教会に行っていた。その女性と打ち解けて話すようになったあるとき、彼女は、「ビショップ（司教）は、どんなにありがたいお話をしてくださろうとも、内心では日本人のことを猿だと思っている。同じ人間だとは思っていない。猿を人間にしてやる、救済の道を与えてやると考えている」と確信に満ちた表情で私に語った。大勢の日本人信徒の前では隠しているが、牧師の日常の些事を知る女性の観察は、そうだった。

人間相手なら〝洗脳〟になることでも、猿が相手ならば救済となる。他人の家に土足で踏み込むようなことをしても、神の教えを伝える、導く行為なのだからと自省を生むことがない。「人間と猿」というのは、その女性が自らの実感を言葉にしたものだが、要するにそれは人種差別意識である。

有色人種が力をつければ人種差別は消えると信じた日本

今日でも日本人が白人に対しその酷薄な人種差別の歴史を言い立てないのには、三つほどの理由が考えられる。

一つは、致命的な相手の悪口は言わないという東洋的道徳、または「わかっているだろう」という日本的な思いやりで、相手のあまりにも明白な悪口は言わないで、自ら気づくのを待つという日本人同士のコミュニケーションのルールを彼らにも適用しているということである。

二つ目に考えられるのは、もうここまで成功すると日本人自身が何も気にしていない。自分は有色人種ではなく、むしろ白人か、それ以上のつもりである。実際に経済力を十分に持っているから、かりに嫌味を言われることはあっても「この店から出て行け」と言われることはない。金の力は、人種の違いよりも強いことを実感している。ヨーロッパ社会でも、今日では人種や階級よりも、お金と教養のほうが通用するということを日本人は実感している。早く言えば、〝追いつけ、追いこせ〟はもう実現しているのである。

三つ目は、もともと日本人は人種意識や差別意識が薄い。人間を奴隷にする制度を国家として持ったことがない。その点、大抵の国には何らかの理由をつけて人間に差をつける習慣が残っている。最下層、最弱の人間は奴隷にしてもよいという理由探しの歴史がある。「国家として奴隷制度を持ったことがないのは、日本とユダヤだけだ」というのは山本七平氏の説である。

明治開国後の日本人は、人種差別は議論によって解消されることではなく、実力をもって打ち破ってゆく問題だと認識した。差別される側の力のなさに気づいたのである。だからこそ必死に力を涵養した。有色人種が力をつければ、人種差別は自然に消える。そして日本は、その理想は実現できると信じ、かつ実現させた国なのである。

アメリカはイギリスを映し出す鏡だった

大航海時代から十九世紀末に至るまでヨーロッパ列強によって続けられた植民地収奪の歴史が「世界史」においていかなる意味を持つか。その間《かん》、日本はほとんど「世界史」に登場しない。四囲を海洋という防波堤に守られ、鎖国の安寧に暮らしていた。

しかし、白人の西欧列強によって国の扉を強引に開かれたとき、「有色人種の国として起つのは事実上、日本のみ」という姿が浮かび上がった。このとき、その後に日本が大東亜戦争を戦う蓋然性が生じた。こうした歴史の流れを記した「世界史」は、まだない。

日本にとってペリー来航から大東亜戦争まで八十八年。植民地収奪の主役はスペイン、ポルトガルから時を経てイギリスに変わり、さらに主役として躍り出てきたのがアメリカである。

アメリカで東洋史と地政学の研究者だったヘレン・ミアーズは、大東亜戦争後、連合国占領下のGHQの諮問機関だった「労働政策十一人委員会」のメンバーとして来日し、戦後の労働基準法の策定に関わった。彼女の名は今日、日本人のあいだでは、帰国後の一九四八年に米本国で出版された『アメリカの鏡・日本（Mirror for Americans. JAPAN）』（邦訳一九九五年、伊藤延《つづ》司訳、アイネックス）という著作で知られる。

同書の内容を約めれば、明治開国以後の日本が「国際社会」で手本としたのは欧米列強の行動で、列強が「常識」としたことを忠実に倣った日本が帝国主義国家に変貌したのは当然の成り行きであって、日本の行動が野蛮、侵略的だと見えたとすれば、日本は欧米自身の姿、行動を映し出す鏡だった、というものだ。その伝でいけば、侵略と植民地獲得に関し、アメリカはイギリスを映し出す鏡だった。

日本人は江戸の昔から白人による奴隷制を知っていた。それを憎み蔑《さげす》んでいた。スペインの歴史家ディエス・デル・コラールは、近代の科学と技術を産み出したヨーロッパを「魔法使いの弟子」と呼んだが、そうしたヨーロッパ人の〝魔法〟が猖獗《しょうけつ》をきわめた時代に、幕末の日本は国を開くことを強要され、帝国主義の荒海に乗り出して行かざるを得なくなった。招待されたのではない。毟《むし》られる一羽の鶏として籠の中に放り込まれたようなものである。

一国の安全と独立を守る行為、自衛行為が、他国に対して侵略的になる可能性があるということは、常に倫理的な批判にさらされるが、論理的には矛盾しない。これが戦後の日本人にはすっかりわからなくなっている。さらに国家としての独立を失うとどうなるかという想像力もない。

幕末明治の日本人は、先に籠の中に放り込まれた鶏の惨状を見て強烈な危機感を覚え、大いに発奮した。国として一度独立を失うと〝洗脳〟され、「独立の精神」まで失ってしまう。その恐ろしさを実感し、そうした恥辱を避けるためには自ら強大な武力を持ち、あくまでも戦うことを決意した。幕末に「夷（西洋）の術を以て夷を制す」と言ったのは佐久間象山だが、そこには何のために欧米に接するのかという戦略があった。「国家」も「軍隊」も日本を守るために必要だったのである。

明治開国以後の日本が臨んだ戦争の性格

帝国主義時代の常識は、大国は、国際紛争解決のルールをはじめ何事も自分たちが有利になるように決めて構わないということだった。その実力を有する国のみが交渉の場に参加できる。そしてルールを決めた後、弱小国に「このルールに従わないと酷《ひど》いことになるぞ」と脅す。ここで正義、不正義を論じても、ルールはそれを主導する力のある者が決めるのだという現実の前では空しい。

阪急電鉄や宝塚歌劇団を創設した小林一三が昭和十五年に書いた随筆に、こんなくだりがある。

「ロンドン、ニューヨークに商売の手を広げて毎度痛感することだが、黄色人種のわれわれに対し、彼ら（白人）がとにもかくにも商売上の約束を守って代金を支払ってくれるのは、ひとえにわが日本に『陸奥』や『長門』をはじめとする、侮ることのできない巨大戦艦があるからに違いない」

小林一三は、言うなれば商売第一、平和第一の人物で、けっして軍国主義者ではなかった。その彼がこう書くのだから、当時の白人がいかに有色人種を対等に見なしていなかったかが察せられる。しかし彼らは、人種差別よりも一層強く〝力の信奉者〟だった。軍事力の強弱だけは率直に評価してただちに認めたから、われわれの父祖はそこに活路を見出した。

江戸時代からの日本は〝道義の信奉者〟であったが、相手に道義心がないときには、残念ながら自分も一定の武力を持つのはやむを得ないことだった。明治開国以後の日本が臨んだ戦争の基本的な性格は、侵略の野望を逞《たくま》しくしたのではなく、あくまで国の独立を守ることにあった。

「人類の歴史は権力の配分の変更の歴史」（入江隆則著『敗者の戦後』文春学藝ライブラリー）という巨視的な見方をすれば、日本の近代の戦争は、地球的規模に及ぶ欧米列強の拡張のなかで、日本がその存在（文化的・政治的独立）を守るために実行せざるを得なかったもので、クラウゼウィッツの言葉を引けば、「他の手段の政治」だった。

いま日本人に求められるのは、今日に至る世界秩序（勢力図）が、どのような経過をたどって形成されたか、それを〝日本人の視点〟から「世界史」として書くことである。その場合「西欧・白人・キリスト教」という複合色のサングラスを外す必要があるのは言うまでもない。

さて、白人キリスト教徒が世界で何をしてきたかを概観してきたが、世界が「日本化」する理由を記すと、こうなる。

【理由⑥】

白人による有色人種差別は今日、もはや成り立たない。奴隷制度もない。ちなみに日本人は、国家として奴隷制度を持ったことがない。

【理由⑦】

日本が〝道義の信奉者〟だったのに対し、白人キリスト教徒たちは〝力の信奉者〟だった。だが、その信奉は国の独立を守るために最低限必要なものでしかないことを日本は世界に示していて、ごく一部の国を除いて受け入れられている。

第四章

〝日本人の視点〟から世界史を書こう

歴史は誰が、どのように書いてきたか

日本における世界史の問題は、先に述べたようにヨーロッパ人やシナ人が書いた世界史を受け入れ、日本人が視《み》た、考えた世界史というものがないことである。それがないから、たとえば大東亜戦争を人類の歩みの中に正当に位置づけることができない。あるいは、それをためらってしまう。

歴史は誰が、どのように書いてきたか――。

紀元前五世紀頃、小アジアの名家に生まれたヘロドトスが、ペルシア戦争の後に諸国を遍歴して『歴史（ヒストリアイ：Historiai）』という大巻を著し、紀元前百年前後に司馬遷が前漢までの時代を『史記』にまとめた。

ヒストリアイとは、「自ら研究調査したところ」という意味のギリシャ語である。ヘロドトスがこれを書くまで世界に歴史書は存在しなかった。それに遅れて書かれた『史記』は歴史の「史」だと思われがちだが、当時としては帳簿係という意味で、人を指す言葉だった。

その後、十三世紀にモンゴル帝国が出現してユーラシア大陸のかなりの部分を統一したとき、それによって東アジアから地中海まで道がつながり、そこで初めて「世界史の土台」ができたと指摘したのは故・岡田英弘氏である。それまでほとんど接触がなかった西と東の二つの文明圏がここで合流し、互いに影響を及ぼすようになった。

ヘロドトスの時代には、地中海世界の東側がアジアで、西側がヨーロッパと認識されていた。そのアジアには日本などは含まれていなかったのはもちろん、ヨーロッパといっても地中海の北側の一部を指していた。アルプス山脈の北側（フランスやドイツ）やグレートブリテン島（イギリス）などは含まれてはいなかった。モンゴル帝国の出現によって「世界」はそうした狭い範囲のものではなくなったと言える。

その後もユーラシア大陸では争いが続き、十五世紀に大航海時代が始まると、先に述べたようにヨーロッパ各国がアフリカ大陸やアメリカ大陸に乗り出した。そうした流れの中にあって、イギリス人などはその後の世界史を書き、近年ではアメリカ人も真似事のような世界史を書いているが、アメリカにはヨーロッパに対する劣等感、下位意識が伏在している。

たとえば昭和三十六（一九六一）年から五年間駐日米国大使を務めたエドウィン・ライ

シャワー氏は日本人にも馴染み深いが、その来歴が興味深い。ライシャワー氏は宣教師の父が日本で布教に努めていたことから戦前の東京に生まれ、十六歳まで日本で育った。

彼はやがてハーバード大学で東洋研究に進み教授になった。日本語も中国語もできる。ライシャワー氏が東洋と日本の権威として教授になったのは当然に思えるが、当時のハーバード大学の教授は必ずヨーロッパの大学院を修了しているのが常識だった。アメリカの大学のキャリアだけでは教授になれなかったらしい。求められたのは実力そのものではなく、ヨーロッパ帰りの権威、わかりやすく言えば「箔《はく》」だった。

そこでライシャワー氏はフランスへ渡り、ソルボンヌ大学で日本学を学んだのちハーバードの教授になった。ライシャワー氏と同世代のアメリカ人のヨーロッパに対する崇拝意識を表象するようなエピソードだが、アメリカもまた宗主国だったヨーロッパの目で世界を見ていた。

なぜソルボンヌ大学だったかというと、日本に関する文献は日露戦争以後は、ソルボンヌがいちばんたくさん集積していたからである。ロシアにあった日本研究の成果は売却されて、フランスが買い取った。日本侵略のための準備だった。

したがって、それらの世界史がどういう性質なのかといえば、彼らにとって都合のいい解釈ばかりが並ぶことになる。日本の学者はそれをアメリカなどで学んできて、その世界史を〝洋行帰り〟の権威として日本で教えた。こうした歪んだ状況を正すためにも「日本人が書く世界史」が必要なのである。

宗教こそが争いの原因になる

これまで述べてきたように、
（1）白人は略奪主義だった。
（2）キリスト教はそれを正当化する道具にされた。
（3）略奪主義の四百年間にどんなことが行われたか。
この三点を書き切るだけでも世界の多くの人がイメージしている「世界史」とはまったく違ったものができあがるだろう。

博愛精神がキリスト教の根幹にあると説く人は多いが、その「利他主義」が植民地獲得とセットだったように――キリスト教に限らないが――宗教こそが争いの原因になることを歴史は語っている。

そして、たしかにキリスト教には排他的な性格がある。

今日、ヨーロッパの歴史で最も重要視される最初の国際条約は一六四八年の「ウェストファリア条約」である。ウェストファリア条約の根本精神は、ラテン語で"cujus regio, ejus religio."という。「領主の宗教が領民の宗教になる」という意味である。

いまからちょうど四百年前の一六一八年、現在のドイツを舞台にカトリック諸侯とプロテスタント諸侯の争いが起こった。周辺諸国が介入してきたため、紛争はきわめて複雑な様相を呈し、それが三十年間にわたって続いたため「三十年戦争」と呼ばれるが、これによってドイツ全土は荒廃をきわめた。人口も三分の一の七〇〇万人に減ってしまったという。

そこで一六四八年、戦争を終わらせるためにミュンスターとオスナブリュック（ドイツ北西部ウェストファリア地方の二都市）で締結されたのが「ウェストファリア条約」で、そのポイントは「原則として他の領地（すなわち外国）の宗教に口出ししてはならない」ということだった。その結果、ウェストファリア条約以後は、国家間の戦争で宗教が表立つことはなくなった。

もっと時代を遡れば、十一世紀末から十三世紀にかけての十字軍の遠征がある。聖地エルサレムをイスラム教徒から奪回するために前後八回にわたって行われた西欧キリスト教徒による遠征である。結果的に目的は達成されず、キリスト教、イスラム教双方で三百万余の犠牲者を数えるという。

私はかつて米ウイルソン研究所の客員研究員（フェロー）だった時期がある。そのとき机を並べたアメリカ人の研究員に、「日本は侵略主義で略奪をしてきたなどと、あまり言わないほうがいい。歴史的に見れば、あなた方のほうが酷いことをしてきたでしょう」と言うと、彼は「わかっているが、それは昔のことだから」と答えた。

「昔のこと」だから水に流してもいいだろうと思っているらしい。そんな主張をするのなら、昔とはいつのことか、その期間はどこで区切ればいいのかをはっきりさせておくべきである。

「だったら、歴史は五十年以上遡ってはいけないということを国連決議したほうがいい」と言うと、彼は黙ってしまった。

相手の言い分だけを聞いていると、歴史は一方に捻《ね》じ曲げられてしまい、相手にとって都合のいい部分しか見えてこないことになる。繰り返すが、日本はヨーロッパやアメリカ、中国や韓国が示そうとする歴史をただ受け入れる必要はない。

白人優越史観の原点であるヘロドトスの『歴史』

歴史ではどのような〝ストーリーと結末〟にするかも重要な意味を持つ。

ヘロドトスの『歴史』では、紀元前四八〇年のサラミスの海戦でギリシャ軍がペルシア軍の大艦隊を撃ち破ったことを執筆動機として、その戦いに至る経緯が振り返られている。

ペルシア（アジア）とギリシャ（ヨーロッパ）のあいだの怨恨はギリシャ神話から引かれており、邪悪なアジアに押し込まれながらも最後はヨーロッパが勝利したということで〝ヘロドトスの歴史〟は幕を閉じている。ヘロドトスは、アジアに対するヨーロッパの勝利を強く打ち出したのである。

この意識は、いまもヨーロッパ人とヨーロッパの末裔に引き継がれている。たとえば、二〇〇七年に公開された「300〈スリーハンドレッド〉」という米ハリウッド映画は、ペルシア戦争でのテルモピュライの戦いを描いた作品で、スパルタ王のレオニダスの側に正義を掲げ、対するペルシアのクセルクセス一世はギリシャの自由を踏みにじる非道な侵略者として対照的に描いている。

レオニダスはペルシアの大軍を隘路のテルモピュライ峠に誘い込み、少数精兵をもってその前進を阻止し、三日間にわたって戦い抜くものの、ペルシア軍に間道に回られたことで防ぎ切れなくなり斃《たお》れる。その奮闘ぶりは全ギリシャに伝えられ、その後は長く英雄として称えられる。レオニダスの戦死に感動したギリシャ連合軍は兵力優勢のペルシア軍に果敢に戦闘を続け、遂にその進撃を退ける――。

侵略者はペルシアであり、ギリシャは自由と正義のために戦ったという「歴史」がここに描かれ、約二千五百年後のヨーロッパの後裔たちはそれを見て拍手する、というわけである。あまりに一方的な描き方ではないかと、ペルシアの後裔の国であるイランから抗議があったとも聞くが、たしかにペルシアの立場に立てば、これは異なる物語として描くことができる。

誇張や虚偽を交えながら書かれた『史記』

ヘロドトス以後に書かれたヨーロッパの歴史は、王朝が滅んで新たな王朝が誕生するという繰り返しを綴っていく「王朝交代史」になっている。戦争に敗れれば王朝は滅びる。しかし、アジアに遠征して略奪することで、ある程度、王朝は延命できる。

国を替え、作者を替えながら、そうしたことが書き連ねられている。キリスト教が誕生するのはヘロドトスの時代から約五百年の後だが、今日にまで続く白人優越史観（ヨーロッパ人のアジア人、アフリカ人に対する優越感）は、ヘロドトスの『歴史』にその原点を見出すことが可能である。

一方で司馬遷の『史記』は漢の武帝が正統の天子であることを示すためにまとめられた。ここから始まるシナ人の書く歴史は、その時代ごとの皇帝がいかに正統的な支配者であるかを、誇張や虚偽を交えながら裏打ちするためのものになっている。

西洋史と東洋史（シナ史）は、それぞれ書く目的も、ストーリーの構成もまったく違うと言える。

歴史書には常に作者の解釈や意図が反映される。歴史書は、たんに事件を列記していくだけのものではなく、縦糸と横糸によってストーリーを織り成していくものだからである。ちなみにヘロドトスの著作は、そうした意味からも「物語り的歴史」と呼ばれていた。

歴史におけるストーリーは事実の解釈

さて、『原勝郎博士の「日本通史」』（原勝郎著／渡部昇一監修／中山理訳、祥伝社）という本がある。これは第一次大戦（一九一四〜一九一八年）の戦後処理の過程で国際連盟がつくられ、戦勝国の日本も常任理事国となり第一回総会が開かれた一九二〇年に書かれたもので、この時期、「国際社会に大国の一つとして登場してきた日本とはいかなる国か」という外国人の注目に答えるべく、原博士が古代から近代までの日本の歴史を示すことを目的に英文で書いたものだ（平成二十六年に復刻）。

原博士はヨーロッパ中世史の専門家であると同時に日本史にも通じていたので、西洋史と対比しながら日本に関し、外国人に理解でき得るよう的確なまとめをしている。

「通史」というものは、全編を通じて一人で書くことに意味がある。日本の学校教科書は数人に割り振って書かれることがほとんどだが、そんなやり方ではそれぞれの事象の因果関係がつながらなくなってしまう。一人で書くからこそ縦糸と横糸を自由に操ることができ、歴史に筋道をつけられる。

歴史におけるストーリーとは事実の解釈である。事件が起きたとき、その経緯を整理して提示するやり方はいくつもある。百人が歴史を書いたとすれば、百通りのものが生み出されるのが歴史である。

日本人は、人種に対する意識が強くなく、宗教による縛りもないということでも、歴史のストーリーづくりに向いている。キリスト教徒であれば、その信仰の枠内で許される文法と許されない文法があるし、中華人民共和国であれば中国共産党の意図に反したことを書くのは身の危険につながる。そうした点からも日本人ほど自由な存在はないと言える。多様な素材をもって複眼的な考察をすれば、世界の人々に客観的で相互批判の可能な世界史を提供することができるだろう。このとき、その素材に日本という国の歴史が含まれていることは重要で、これはけっして肥大した自己顕示欲などではない。

GDPの各国シェアで世界史を振り返ると……

数字で語ることができる要素から世界史を語る視点もある。たとえば、世界における「実質GDP（国内総生産）の各国シェアから世界経済を考える」という方法を試みる学者も出てきた。アンガス・マディソンというイギリスの経済学者で、彼の書いた『経済統計で見る世界経済2000年史』（金森久雄監訳／政治経済研究所訳／柏書房）は、世界史を振り返るうえでとても面白い視点を与えてくれる。

シナは歴史的に見るとやはり富裕な国で、たとえばアヘン戦争の前段階（清国の時代）の実質GDPの世界シェアはなんと三二・九％を占めていたという。人口ボリュームのなせる業《わざ》とも言えるが、アメリカが執拗に「門戸開放」を迫ったのもよくわかる。

それにいち早く目をつけたイギリスの同時期の数字は五・二％で、アヘン戦争前後に大きく儲けて、アヘン戦争から約三十年後の一八七〇年には九・〇％にまで上がり、清国は一七・一％にまで落ちている。

こうした数字から考えると、GDPの高い国が必ずしも軍事強国だったのではないことがわかる。身も蓋もない言い方をすれば、軍事力を備えたうえで、敵対ないし競合する相手を〝人間とも思わぬやり方〟で追い込むことができる国が強かったということだろう。

清国から中華民国になったシナは、第一次大戦直前の一九一三年には八・八％、第二次大戦後の一九五〇年には四・五％にまで落ち込んだが、その後一九四九年に中華人民共和国になって以降二〇〇一年の時点で一二・三％にまで上昇した。一九七二（昭和四十七）

年の日中国交回復後からの日本の政府開発援助（ＯＤＡ）がこれに寄与したことは想像に難くない。

イギリスが清国を超えた頃から世界史を書き出したように、中国もまたそうなって、いま世界史を書くことに色気を見せてきた。それはたとえば国連教育科学文化機関（ユネスコ）の世界記憶遺産に「南京大虐殺資料」を登録したり、また「従軍慰安婦資料」を登録しようとしたりしていることも、その現れである。

中国はもともと自分たちが世界の中心だと考えているので、世界史に対する興味は薄かったはずだが、経済的にアメリカに次ぐ巨人となったことで、世界的な覇権への欲求とともに、自らの偉大さを誇示し、日本を蹴落とすべく「日本は悪辣な国」という印象を世界に広めようとしている。

一方のイギリスは、アヘン戦争後の九・〇％をピークにあとは下る一方になったので、新たに世界史を書こうという意欲は薄れているように見える。

日本の場合は、関ヶ原の戦いがあった一六〇〇（慶長五）年で二・九％だった。同時期のイギリスは一・八％、ドイツは三・八％、フランスは四・七％だった。江戸時代に入って日本は社会が安定し、経済活動も活発になったので、一七〇〇年（元禄時代の末）には四・一％に上昇した。当時の江戸は世界有数の都市として発展していた。

その後、ヨーロッパ各国が植民地からの利益が上がったことで急速に伸びたのに対し、日本はアヘン戦争前の一八二〇年には三％に下がっている。この時期の日本は経済発展というより文化・風流を大切にした時代で、戦国時代を経て江戸時代の泰平がもたらされると、日本人は文化・風流、そしてインドやシナからの思想を消化することに熱心になった。だから宇宙観・自然観・社会観・国家観に立脚した人間観や家族観などを、これまで人はいかにつくりあげてきたかを書こうとすると、それは「日本史」そのものになる。

大東亜戦争に敗北した日本だが、戦後の一九五〇年でも三％あり、二〇〇一年で七・一％である。現在は中国に抜かれて世界第三位になったとはいえ、国連への分担金ほか世界への貢献は抜群である。これだけの水準、貢献を維持している国として、そろそろ「世界史」を書いて発信するのは自然の振る舞いということになる。

『平家物語』の世界観

歴史を語る視点についていろいろ述べてきたが、私なりにそれを大きく分ければ、次の四つになる。

（1）進歩史観
（2）末法思想
（3）循環史観
（4）最後の審判

「進歩史観」とは、社会の理想的な最終形態に向けて、世の中は段階的に良くなっていくという考え方である。欧米ではこの進歩史観に対する信仰のようなものがある。アメリカがとくにそうだが、この史観の特徴は、自然発生的に成立した国家の伝統や文化に対する理解が浅く、それよりも人為的な理念を構築し、それによって国家と社会の制度を科学的、論理的に設計する「実験国家」が人類の課題のように見なされるところである。それぞれ自由主義と共産主義を掲げて激しく対立した米ソ両国も、進歩史観から見れば同じ土台に乗っていたと言える。

また、「進歩史観」から社会進化論が生まれ、日本が日露戦争でロシアを打ち破るまでは、近代自然科学と近代工業の発展は、白い肌に生まれた人間でなければ成し得ないというのが白人たちの常識だった。社会進化論が学問として確立したこともあって、人類のなかで最も進化した優秀な人種が白人であるという思い込みに、彼らはまったく疑念を抱かなかった。

故・渡部昇一氏によれば、「いまから見れば驚くべきことだが、白人の女性が有色人種と結婚するのは進化の法則に反するから犯罪であるという論文さえ当時のアメリカの学界にはあった」という。

だから、自分たちとは異なる、主に有色人種の社会やシステムに対しては「アジア的停滞」「原始的停滞」などと言って数段下に見なしてきた。そしてこの立場であれば、たしかに有色人種は白人に奉仕する存在と映っただろう。

ちなみにフランクリン・D・ルーズベルトは、スミソニアン博物館の自然人類学担当の博士アレシュ・ヘリチカとの親交から、「インド人は白人と同種」「日本人が極東で悪行を重ねるのは頭蓋骨が未発達で、白人に比べて二千年も遅れている」という二つの説を学んだという。

ルーズベルトはこのヘリチカ説を踏まえ、アジアに文明の火を灯《とも》すには、アジア人を優秀な白人種と人種交配させ、「ユーラシア系とヨーロッパ・アジア系とインド・アジア系を作り出し、それによって立派な文明とアジア社会を生み出していく。ただし、日本人は除外してもとの島々に隔離して次第に衰えさせる」と考えたという（『日本はどれほどいい国か』）。

当時の日本を取り巻く周囲の状況には、こうした人種偏見、悪意、狡猾さがあったということを明瞭に、また仔細に叙述した世界史はない。

「末法思想」は「進歩史観」とは逆で、世の中はどんどん悪くなっていくという考え方である。仏教の教えによるもので、大筋としては、釈迦入滅後、五百年間は正しい仏法の行われる正法《しょうぼう》の時代が続くが、その後は正しい修行が行われないため、悟りを開く者のない像法《ぞうぼう》時代が一千年続き、さらに釈迦の教えのみが残る末法の時代が一万年続いた後に教えも消滅した法滅の時代に至る。釈迦の死後一千年経った一〇五二年から末法になると信じられ、日本では平安末期から鎌倉時代にかけて広く浸透した。

「循環史観」は、人間の世の中は良くなるときもあれば、悪くなるときもあるという周期性を受け入れる考えで、日本人にとっての循環史観は『平家物語』の世界観にそれが見られる。

祇園精舎の鐘の声、諸行無常の響きあり。沙羅双樹の花の色、盛者必衰の理をあらはす。おごれる人も久しからず、ただ春の夜の夢のごとし。たけき者も遂にはほろびぬ、ひとへに風の前の塵に同じ。

遠く異朝をとぶらへば、秦の趙高、漢の王莽、梁の周伊、唐の禄山、これらは皆、旧主先皇の政にも従はず、楽しみを極め、諫めをも思ひ入れず、天下の乱れむことを悟らずして、民間の愁ふるところを知らざりしかば、久しからずして、亡じにし者どもなり。


平清盛を中心とする平氏一門の興亡に即して世の道理がしみじみ語られる『平家物語』は、どんなに勢い盛んな者も必ず衰える、世は移り変わり、驕《おご》り高ぶっている者の栄華も長く続くものではないという無常観に満たされ、いまの日本人の琴線《きんせん》にも触れる。

「最後の審判」は、キリスト教で世界の終末にイエス・キリストが再臨して人類の罪を裁くという教義。キリストが再臨して死者も生者も裁かれ、天国と地獄とに振り分けられる。この世界観はイスラム教、ユダヤ教などにもあり、唯一の神が人類に最後の審判を下すというものである。近代以降は「最後の審判」があると信じる人は少なくなっただろうが、この教えと世界観を前提にした習慣や思考様式は欧米に根強く残っている。

何でも包摂してしまう日本文化の奥行き

欧米では歴史が宗教によって語られる。人間そのものが一つの宗教に縛られる部分の大きいところが、日本とは異なっている。

日本の文化的特徴は何でも包摂してしまう奥行きである。歴史的に日本人は深刻な宗教対立を抱えたことがない。島原の乱などを持ち出してキリスト教への過酷な弾圧があったと言い募る人たちもいるが、全体として見れば、一神教の人々が繰り広げたような凄惨な経験はない。わが国に仏教が入ってきたときも、儒教が入ってきたときも、キリスト教が入ってきたときも、〝侵略の尖兵〟としての爪は取り除いたが、異文化として端《はな》から排除したことはない。一つの教養として理解してみる奥行きがあり、直感に照らして吟味咀嚼し、悪くないと思えば、より自分たちに合うようにして取り入れた。

たとえば仏教は、唐の高い文化を背景に膨大な数の経典とともに日本に入ってきた。日本には神道があったが、小難しいのから御伽噺や神話の類までバラエティ豊かな経典を日本人はいちいち好奇心をもって迎えた。そして結論として、神道と仏教の両方をやることに決めた。

六世紀末の用明天皇は、厩戸皇子《うまやどのみこ》（のちの聖徳太子）の父だが、その治下では、崇仏派の大臣《おおおみ》蘇我馬子《そがのうまこ》と廃仏派の大連《おおむらじ》物部守屋《もののべのもりや》とのあいだに仏教をめぐって対立があった。用明天皇は蘇我稲目の娘を妃にし、仏法を重んじたため、物部守屋らの一党に暗殺されたという説まであるが、そうした崇仏・廃仏の対立も、やがては神社に参拝したら次はお寺に行くとか、一方だけに傾かない神仏習合になっていった。その始まりは、神社に付属して置かれた寺院である神宮寺の誕生で、奈良時代の気比神宮寺が文献上では初見とされている。

また、聖武天皇が大仏造営を発願し、その成就を祈って天平十四（七四二）年に伊勢に行幸した折、橘諸兄を伊勢神宮に参向せしめたことで、天照大神は日輪であり、大日如来（盧舎那仏《るしゃなぶつ》）にほかならないから、仏法への帰依を夢告されたと『大神宮禰宜延平日記』に記されているのが、本地垂迹《ほんじすいじゃく》（神仏習合）説の始まりを示す最も古い史料とも言われている。

これらを萌芽として、平安時代に入ると本地垂迹説という、神道と仏教とを衝突させせないための〝発明〟は広く普及していった。神の本源は仏であり、仏が日本人を救うために神となって現れたと考える。ここに日本人の多様性と寛容性がよく現れている。例を挙げれば、熊野神社は阿弥陀仏の、賀茂神社は観音菩薩の、八幡宮は釈迦のそれぞれ垂迹とされた。日本人はこうした寛容性と知恵によって、宗教による争いを国民のあいだから、まったくといってよいほどなくしてしまった。

しかも、外来宗教である仏教を、日本人は日本人に合うように、日本の仏教にしていった。開祖の釈迦牟尼は貴族だから、衣食住のために働く必要がなかった。いくら悟りが立派でも、働かなければならない庶民には修行の時間がない。それでは庶民はいつまで経っても悟れない。ならばと日本人は、働くこと、仕事することが修行なのだとしてしまう。仕事をしながら成仏できると教える。こうした発想に日本人は長《た》けている。

大東亜戦争に敗れたことで、戦後は、明治以後の日本は「国家神道」という宗教（一神教）によって国民が一色に染め上げられ、軍国主義に駆り立てられたとされるが、戦前・戦中を過ごした私の実感として、かりにそんなものがあったとしても、それはごく一時期、戦局の悪化にともなう逼迫感、危機感のなかで喧伝されたものでしかない。

日本には戦前から神社もあれば、キリスト教会もあり、日本人子弟を対象にしたキリスト教会系の学校もたくさんあった。立教大学、同志社大学、上智大学、青山学院などいまも健在で盛名を馳《は》せる学校は数多い。人口比としてのキリスト教徒は微々たる割合だが、それはキリスト教を弾圧したからではなく、改宗しなくとも、その教義や哲学などを日本人は生き方の知恵として咀嚼し、日本の文化的価値のなかに包摂してきたからである。

そして、白人のキリスト教徒でなくとも、近代自然科学と近代工業の発展は成し得ると信じ、達成したことは、非キリスト教徒・有色人種の存在を日本人が世界史に刻み続けてきた証になる。

西欧が近代化を始める前に日本は独自の近代化を遂げた

これまで歴史はどのように書かれてきたか。どのような視点から書くことができるか等々を論じてきた。

ここで私なりにいろいろな要素を織り交ぜて、日本不在ではない近代をざっと綴ってみようと思う。

白人列強が帝国主義を競い合った時代は産業革命と相俟って、それまでの人類の歩みからすれば異常な時代だったと言える。同時多発的に政治革命、軍事革命、宗教革命、意識革命、技術革命が起こり、爆発的な人口増加や経済発展を、主にヨーロッパの人間は進歩として受け入れた。「進歩」が「近代」をつくった精神だが、異常な膨張は、西欧社会が持つ征服と略奪の発想によって呼び起こされたものであることはすでに述べた。

産業革命が始まったとき、ヨーロッパの人々は何を考えたか。アダム・スミスの『国富論』（一七七六年刊）が有名で、「見えざる手が働いて、市場では君主の規制がなくても均衡が実現する。均衡実現への推進力は市場参加者の営利精神でそれしかないが、それでも社会に貢献する働きをするのが市場の不思議なところだ」と述べたとされる。

それはのちに「強欲（グリード）はいいことだ」にまで発展したが、実は、アダム・スミスはそんなことは言っていない。彼はその前にグラスゴー大学で『道徳感情論』（一七五九年刊）を著して、社会と経済の全般にわたる君主の規制を承認して当時の社会から信用を得ていた。『国富論』は、市場では自己愛の集まりにもプラスが生じると認めたことが新鮮だったのである。産業革命前夜、勢いを得つつあった商工業者はこの説を歓迎した。

その後、産業革命が進行すると、続く人たちはこの考えを「神の見えざる手がすべてを解決してくれる」といったイデオロギーにしてしまった。スミスは「神の〜」とは言っていない。

当時は社会の基盤にまだ倫理や道徳があり、人間は道徳的であらねばならないという大前提で暮らしていた。そうした規範があったうえでの「営利精神はあってもよい」というのがスミスの本意で、野放図な強欲を肯定したわけではない。だが、近代化は君主制を廃止し、キリスト教などの社会勢力を抑えながら倫理や道徳は後退していき、経済万能の世の中をつくった。

産業革命は思想革命が始まった時期に重なる。それが政治革命に発展すると、「教会の財産を没収しろ」「国王は引きずり降ろせ」となって貴族階級は没落し、下層階級が上昇して新しく中流階級が出現した。フランス革命はそうした歴史の流れのきわめて象徴的な出来事だった。

しかもその基盤には、遠距離貿易の利益があって、その通商ルートを押さえていたアラブ人に対し白人が武力で勝利したという大変革があった。白人の武力はさらにアメリカやアジアに及んで、植民地支配の膨大な利益がヨーロッパに流入してくるようになり、その利益を得て始まったのが「近代」である。

利益確保と彼らの価値観の普遍化の過程のなかで、日本は（西欧）近代と遭遇し、彼らの征服欲の対象とされた。そこでわが父祖たちは懸命に〝持たざる国〟として劣位戦を戦い、生き残るために近代化を果たした。

ただ、この場合の〝持たざる〟というのは、蒸気機関と大砲と侵略思想のことで、日本は西欧が二百五十年前に近代化を始める以前、すでに社会的には独自の近代化を遂げていた。したがって文明開化というのは、たんに西欧風の近代化を日本の近代化の上に乗せることだったので、明治の元勲たちは欧米を視察して彼我の差をせいぜい四十年程度と見積もることができた（『米欧回覧実記』）。

日本が保有する文明・文化の上に急いで増築した西欧的近代化の部分を、当時の日本人は「富国強兵」と表現した。中身は経済力の発展と軍事力の増強で、それ以外の近代化はほぼ一千年も前に完了していた。

今日的表現を用いれば、民主主義的集団合議制、男女を通じた基本的人権、支配・被支配を超えた人間の尊厳と福祉社会、宗教と政治の分離、教育の普及、集会結社の自由、言論思想の自由、営利の自由、職業選択の自由、階級移動の容易化等々は、すでに考えとしては存在し、実際にある程度は行われていた。近代化を完成したと自任している西欧との比較は分野ごとの程度問題でしかなく、日本は西欧に比べ遅れていたとか、封建時代のままだったとかは一概に言えない。

　だからこそ日本人は、西欧近代の精神をただちに理解し、ほどほどに採用し実行できたのである。先に触れた佐久間象山の「夷を以て夷を制す」とはそういうことで、植民地化を免れるために「富国強兵」はしたが、西欧近代に染まり切る気はなかった。かぶれて染まり切ったのは知識人と官僚だけだったと言ってもよい。富国強兵策のもと、成金階級（ブルジョワジー）は富国を担って利益を追い求めたが、国を支えた土壌、庶民の価値観には、古代から中世の価値である神道や儒教、道教や仏教の教えが厳然と生きていた。

古代と中世はあるが、近代がない中国

　近代化の特徴の一つは経済的満足の追求で、そのとき精神的満足の追求は後回しにした国と、すでに完了した国の二種類がある。後回しにして暴走した国はアメリカで、ヨーロッパからの〝棄民〟同然の者が移住してつくった国だから、幸福とはまず貧困からの脱出で、それ以外の精神は未熟だから経済に発露を求めて暴走した。それは中世がないから

で、歴史的な時間という成熟のない彼らはいきなり古代ギリシャに自分たちの文明・文化の根拠を求めた。中世に価値を認めるとヨーロッパを捨てた自分たちを否定することになってしまうからでもある。

それが無意識にも表れているのは、ワシントンの街並みを見ればわかる。官庁がすべてギリシャ風建築で、正面に高い円柱を何本も建てている。地方へ行っても州政府や州議会の建物が同じようなかたちをしている。アメリカに長く奴隷制があったことは、すでに述べた。ギリシャ・ローマの文明が奴隷制の上に立っていたのは言うまでもない。

ヨーロッパ諸国は「脱ローマ」の過程で奴隷制を廃止して農奴制になり、また自営農民をつくったが、アメリカにはそうした歴史がない。極端に言えば、アメリカは古代の上に突如近代を継ぎ足したような珍しい国で、その点は現代中国とよく似ている。

歴史のある国は大体が三階建てか四階建てで、古代・中世・近代・現代と積み上げられている。ほとんどの国は欠落だらけで連続性がないが、日本には全部揃っている。日本人はそうした自己確認に立って、これからの国際関係や同盟づくりを考える必要がある。

ちなみに中国は、古代と中世はあるが、近代がない。そこで、いま近代化にまっしぐらと言いたいが、彼らはそれを「現代化」と言う。なぜなら近代化と言うと、そのお手本は日本になってしまうからで、それをパスして現代化で勝負したいのである。異常な軍拡はその表れだが、近代を経験していない弱みを彼らは自覚できていない。

韓国も同じだが、彼らに現代化は無理である。中国は二階から四階に上がるのに三階部分は縄梯子だが、韓国は一階から四階に上がるための二階、三階部分には縄梯子すらない。日本がつくった都市や社会資本、社会制度を「日帝三十六年の支配」と言って否定したからである。日本への反発と民族的な気概で跳躍しようというのは勇壮だが、見かけだけの現代化では砂上の楼閣がオチである。

日本の歴史のなかに「脱近代」の新しいビジョンがある

さて、この近代がまだ続くかのように見えるのは、これから近代化しようとする後続グループが台頭し、その先頭にアメリカが便乗しているからである。しかし、大きな歴史の流れを見れば二百五十年続いた異常な爆発的膨張期は、少なくとも先行した約三〇カ国のあいだでは終わりを告げている。

新人類による新社会と新経済が誕生中だが、そのことが旧いメガネではよくわからない。不景気と感じるのは、それを一過性と見ているからである。その対策として先進国は移民を大量に受け入れたが、それは近代を否定して古代の奴隷制社会に戻ることにつながる。早くから中東系の移民を多く受け入れたドイツやフランスがいかなる社会階層を形成するに至ったか。移民労働力は経済の調整弁でしかなく、彼らを共同体に招き入れるには別の条件、要素が必要となるが、共同体の歴史に関わることは、経済のアナリシスからは導き出されない。

産業革命以来、「人類は永遠に進歩する」というのが近代をつくった精神だが、その結果に対する懐疑が本格的に出てきたのが一九七〇年代である。

一九七〇年代以降、世界的に起こったことを簡潔に列挙すれば次のようになる。

●静止人口と静止経済（低金利と低成長）
●国家と国民の解消（国際化、グローバル化）
●経済より精神へ（量より質、発展より安定、科学進歩より人間的価値観の再建、幸福の普及）
●エコロジーの大合唱
●新興国の台頭

●〝青天井〟の利己主義（greed＝強欲）

以上を一過性のものと構造的なものとに分けて考えてみることが必要だが、現実には相互に絡み合って進行している。その相互の関係性がいかなるものかを近代はアナリシス（分析、解析）に頼ってきたが、それは人間社会の価値観を数値化、数量化、可視化できるものに限定しがちで、数値化、数量化、可視化に馴染まないサムシング・グレートの存在を人間にわからなくさせた。アナリシスの限界というものを近代は考えてこなかったのである。

この行き詰まりが感じられるようになってから言われるようになったのがポスト・モダン（脱近代）の考えである。近代以前の中世における西欧では、「永遠」や「真理」や「進歩」は神の御手にあるもので人間が覗き見てはならないと考え、逆に近代においては、すべては人間の理性や知性で進行すると考えたが、その大きな揺れはまだ続いている。

ところが日本は、神と人間との関係を感得している。そうしたある種の思想革命は二千年前か一千年前に経験済みで、庶民にはそれが浸透しているから、近代とか脱近代とかの動揺はない。日本は東アジアの辺境にあって何でも蓄積する文化を築き、仏教でもマルクス経済学でもなんでもいいが、重要文献はみな日本語で読むことができる。われわれは蓄積し、消化し、混淆し、発酵させることで日本文化を創造、継承してきた。

そして得たのが「暗黙智」である。人間社会には「隠された前提（価値）」があるということを、かつての日本人は知っていた。いまも知っている日本人はいる。それが「暗黙智」である。

日本人は長い歴史のうちに、相互に冗舌な言葉を必要としなくなった。島国にあって共通体験を多く持ち、ほとんど異民族に侵されなかったことから契約や説得（騙し合い）のための言葉が発達しなかった。日本語が異なる文化とのコミュニケーションに向いていないのはそのせいだが、代わりにわれわれは暗黙のうちに了解する術を得た。そしてそれは説明できないこと、理屈として立てられないことにも意味や価値があり得るという奥行き、複雑性をもたらした。

日本人は単純な善悪二分法では人間も世の中も測れないことを知っていた。男女平等などという平面的な価値観にとらわれることもなかった。

命は大切だが、それを懸けても成し遂げなければならないことが人生にはあり得るということもわかっていた。秀才ではない庶民がこうした徳をわきまえていたのが日本人の歴史である。

日本は近代化せざるを得なかったが、それ以前の日本を完全に捨てたわけでなかった。捨てる必要もなかった。よく準備された脳に訪れる発想、直感が「暗黙智」である。この暗黙智があったからこそ、日本はごく短期間で先行する国々に追いつき、追い越すことができた。

明治以後に出現した日本の知識人、エリート層にはこの暗黙智が乏しく、「進歩は善である」「合理化が進歩である」という西欧近代主義への信奉が根強く続いている。

だが近代の行き詰まり現象は随所に出ている。むしろ西欧のほうが「進歩とは何か」「進歩の結果はどうなるのか」「近代化の結果、人間はどう暮らせばいいのか」等々に対する答えが、西欧的な理性や知性では得られないことに気づき始めている。

彼らにとって不可思議なのは、有色人種で非キリスト教徒の日本が、彼らの侵略に屈せず、いつの間《ま》にか世界の先頭に立って平和的な国家を建設し、経済でも成功し、最高水準の文明と文化をつくったことである。

そこで西欧の一部の人間は日本を見て、近代化には西欧とは別の道があるのではないかと考え始めた。進化のコースの複線化で、この考えに立てば、単純に先進国―発展途上国といった一直線上の位置づけは当てはまらない。また世界は一つの価値観やルールに収斂されていくという「グローバル化時代が到来した」という見方も現実に反することになる。
　いずれもそうあって当然のことで、そこには何の不思議もないが、西欧近代の絶対を信じる人とその礼賛者にはそれが見えない。日本人は自らの「暗黙智」によって近代化を理解し、自らの柄に合う近代化を考えることで、ごく短期間に先行する国々に追いつき、追い越すことができた。
　ポスト・モダンの模索などを庶民がさして意識しないのは、帝国主義の時代を生き残るために必要だった近代化を遂げた次のステージに必要なものがわかっているからである。再び「暗黙智」を日本人の価値として自明のものにし、西欧近代が追求した計量化、数値化、可視化できないものに対する敬意や関心を持ち続けることが大切である。「脱近代」の新しいビジョンは日本の歴史の蓄積のなかにある。

　さて、日本人が「世界史」を書く意義を述べてきたが、世界が「日本化」する理由は、本章ではこうなる。

［理由⑧］

アメリカ、その宗主国だったヨーロッパの目で見た「世界史」が、彼らにとって都合のいい解釈ばかり並んでいることが明々白々になる。だから、そういう「世界史」は幕を閉じる。

【理由⑨】

一方、日本は文化の面でも数字の面でも堂々と国を語れるようになる。

第五章

世界史的な目で二十世紀の百年を振り返る

パワーゲームの主役は日本だった

大航海時代から十九世紀末にかけて、主にヨーロッパの白人キリスト教徒たちによって世界人類はどのようになったかを大まかに述べてきた。では、二十世紀の百年間は世界人類にとってどんな時代だったろうか。そこには日本が登場している。

私にはどうしてもこれしか思いつかないが、第一は「白人絶対の時代が終わって、人種平等の理念が国際社会にいちおう定着したこと」である。第二は、それを日本がほとんど単独で成し遂げたことである。

成し遂げるに当たって、この百年間は軍事的実力だけが国際社会の発言力、説得力になるという時代だったから、自分が有色人種であろうとなかろうと、日本は自らの尊厳を守るために軍事大国になった。軍事力を持つためには工業力が必要だったので、そのために日本人はまず勤勉に産業を興《おこ》し、また、必死で欧米の文明・文化を吸収した。さらに精強な兵士をつくり、三百万余の血を流して自らの独立を守った。

しかしその間《かん》、残念ながら日本人以外の有色人種の大部分は白人支配を〝承認〟して、対等化への努力をしなかった。それはすでに国家としての独立を失っていたことが大きい。植民地支配の下、自らの国を失った結果、人々は教育の自主性を失って文盲に甘んじ、さらに経済も搾取されたが、貧窮を天命と諦め、多くの有色人種はその一生を終えた。そう考えると、日本だけが二十世紀の百年間、血を流して独立を守り通した意義は大きい。

明治開国以後の日本の目標は「独立主権の維持発展」「東亜の安定確保による世界平和への寄与」「人種平等の確立」という三つに要約できる。

日清戦争の勝利によって東アジアでの地歩を築いた日本は、その後、日露戦争にも勝利して世界の大国の仲間入りをした。第一次大戦を経て「人種平等」を初めて世界に訴えた国となった。

日本が白人列強と対峙しながら独立を維持すべく苦闘した歩みは、白人近代国家対唯一の有色人種による近代国家という図式にせよ、帝国主義下における先発国と後発国という図式にせよ、常に孤独なものだった。国内には勝海舟の「日韓支三国同盟論」などがありはしたものの、残念ながら現実にはアジアだけでなく世界のどこにも、日本とともに起《た》てるような有色人種の国はなかった。

イギリスの歴史家トインビーが、『文明の実験』（黒沢英二訳、毎日新聞社）という著作でおおむね「一九世紀末の西欧から東方を眺めれば、トルコから清国に至る諸帝国は西欧に抵抗できなかった。インドもベトナムもジャワも、その原住民たちは羊のように従順に、ただ黙々として毛を刈り取る者に反抗しようとはしなかった。ただ日本だけがきわめて珍しい例外であった」と語ったように、白人列強に伍する日本の国力を祝福し、協同しようと表明する他の有色人種の国はなく、またそれを笑顔で迎えた白人の国はなかった。前者からは嫉妬を買い、後者からは不快感と敵意を浴びせられた。

それでも、有色人種の誰かが立ち上がって、実力で打ち破らないかぎり人種差別は終わらなかった。大東亜戦争には世界史的意味として「人種平等の実現」をめざした事実があったが、戦勝国による東京裁判は日本人の記憶からそれを消し去ろうとした。そこにあったのは裁判の名のもとに日本を「侵略国」として断罪する白人たちの自己正当化である。

世界史的な視野で二十世紀の百年を振り返れば、そのパワーゲームの主役は日本だった。中国も、ロシアも、イギリスも、日本と戦ったことで衰運に傾いた。ロシアは日露戦争に敗れて帝国を失い、ソ連となって第二次大戦では勝者の側にいても、「中立条約違反」と「侵略による領土獲得」という道徳的敗北を喫した。その後、同盟国として日本が支えたアメリカとの経済戦争でも敗れ、ソ連という国家は自壊した。

中国も、清という国は日清戦争で潰れ、中華民国という孫文が建て蔣介石が引き継いだ国も、毛沢東の共産党に敗れて台湾に逃れざるを得なかった。イギリスも日本を敵に回したことで全アジアの植民地を失い、英連邦は残っているとはいえ往年の大英帝国ではない。

第二次大戦とその後の冷戦に勝利したのはアメリカだが、彼らは人類初の「原爆使用」という道徳的な疵《きず》を負った。彼らがどんな理由をつけようと、その本音は「日本相手の暴挙は構わない」ということだった。

大東亜戦争に至る日本の歩みは、両大国が有色人種蔑視の正体を見せざるを得ないくらい善戦敢闘したとも言える。そして、不滅と思われた白人の世界支配というパラダイムを日本が打ち破った事実を矮小化するために、彼らは東京裁判によって日本に野蛮な侵略国家という烙印を押し、いまもそれを言い続けている。

人種問題を抜きにしてなぜ日米が戦うことに？

世界に「人種平等」の旗を打ち立てるための日本の戦いについて少し詳しく述べておこう。

いまの日本人はまったく意識したことがないだろうが、十九世紀半ばから二十世紀前半までは「黄禍論《こうかろん》」というものがあった。主にヨーロッパや北米、オーストラリアなどの白人国家に広まった黄色人種脅威論で、これは日本人を狙い撃ちにしたものではないが、日本に対する白人列強の警戒感や差別感情が背景にあったことは否定できない。

黄色人種の進出によって白色人種に災禍が加えられるであろうという感情的な訴えは、ドイツ帝国皇帝ウィルヘルム二世が広めた「ヨーロッパの諸国民よ、諸君らの最も神聖な宝を守れ」という寓意画によって流布した。明治政府が日露戦争を日本とロシアとの二国間の限定戦争にしたのは、この黄禍論との関係で人種戦争になってしまうと手に負えないと考えたからでもある。しかし日本がロシアに勝利したことで、白人列強は黄色人種への共同防衛という意識を、日本を対象として強く抱くようになった。

黄禍論を理由にした露骨な白人諸国の条約や同盟はなかったが、ウィルヘルム二世は日清戦争後の三国干渉を正当化するために黄禍を訴え、日露戦争が開戦した折もセオドア・ルーズベルトに対し、日露戦争が黄・白人種間の人種戦争であることを訴えている。ポーツマス条約締結の折にも、『ニューヨーク・タイムズ』のインタビューに答えて、ドイツ政府当局の意図を超えて黄禍を訴え、日露戦争の勝利によって列強間のアジアに対する「門戸開放」政策が日本によって崩れかねないからアメリカはそれを阻止すべきだというような話をした。

当時のアメリカが世界に訴えていたのは、「門戸開放」と「機会均等」だったが、日本に対しては日露戦争後、急速にそれを認めなくなった。カリフォルニア州で日系移民があからさまに排斥されるようになったのは一九〇五（明治三十八）年頃からで、一九一三（大正二）年には「排日土地法」が同州議会で可決された。

この法律は「California Alien Land Law」という名称で、その条文にも日系人を名指す文言はないが、市民権獲得資格のない外国人に対し土地所有と三年以上の賃借を禁じたものので、事実上、日系人を締め出すことが目的だった。文言に明示しないのは狡猾である。

そして一九二〇年には借地権そのものも否定され、同様の法律はアリゾナ州など一九二四年までに一〇州で成立し、同年「排日移民法」が連邦議会で成立したことによって、アメリカ国内における日本人排斥の意志は明確になった。

この法律は「Immigration Act of 1924」という名称で、既存の移民・帰化法の一部を修正するかたちで白人以外のすべての有色人種の移民を禁ずる内容だった。そこにカリフォルニア州選出の下院議員の手によって「帰化不能外国人の移民全面禁止」を定める条項が追加された。当時「帰化不能外国人」でありながら移民を行っていたのは大部分が日本人だったから、追加条項の意図は日本排斥だったことは明らかだった。

アメリカ政府も議会側の強硬姿勢に困惑した様子がありはするものの、日本としては一九〇八年の日米紳士協定によって自主的にアメリカへの移民数の制限を続け、アメリカ政府には日系移民への排斥をしないようにと求めてきただけに、結果的にこの法律によって日本人の対米観は極めて悪化することになった。たとえ少数でも移民する権利が認められている状態と、完全に失われるのとでは、大きな差がある。「排日移民法」と日本側が呼称するのは、このような経緯があった。

国際平和を主張し、国際連盟事務局次長を務めた新渡戸稲造ですら法律の成立に衝撃を受け、二度と米国の地は踏まないと宣言し、内村鑑三のようにアメリカを「第二の故郷」

と呼んだ知米派の知識人さえいたく憤慨した。それまで親米的だった日本人の感情を大きく変え、以後の日米摩擦の原点になったのは間違いない。

昭和天皇も大東亜戦争の遠因について、〈第一次大戦后の平和条約の内容に伏在してゐる。日本の主張した人種平等案は列国の容認する処とならず、黄白の差別感は依然残存し加州移民拒否の如きは日本国民を憤慨させるに充分なものである。（略）国民的憤慨を背景として一度、軍が立ち上がつた時に、之を抑へることは容易な業ではない〉（『昭和天皇独白録』文春文庫）と語っている。

東京裁判では戦勝国の都合によって捨象されたが、人種問題を抜きにしてなぜ日米が戦うことになったのかの答えは出てこない。「敵愾心《てきがいしん》」というものが何によって芽生えるか――これは押さえておかなければならない視点である。

「人種平等規約」の提案は日本の金星

大正八（一九一九）年、第一次大戦終結後の国際秩序を決めるパリ講和会議で国際連盟が誕生し、この会議で、わが国代表の牧野伸顕は連盟規約に「各国均等の主義は国際連盟の基本的綱領なるに依り締約国は成るべく速に連盟員たる国家に於る一切の外国人に対し、均等公正の待遇を与え、人種或いは国籍如何に依り法律上或いは事実上何等差別を設けざることを約す」という条文を加えることを提案した。これは〝人種によって差別されないことを、国際社会の総意として正式に認めよ〟というもので、国際社会において初めてなされた主張だが、無論、米カリフォルニア州での日本人排斥を念頭に置いてのことでもあった。

この提案に対して複数の白人国家が強く反対した。牧野ら日本外交団は粘り強く説得を続け、新しい修正案を出すなど努力を傾け、日本の提案に反対していた国々を徐々に賛成へと変えていった。最終的に日本は採決を要求し、議長であるウィルソン米大統領を除く一六名による採決が行われ、その結果は、日本の提案にフランス、イタリア、ギリシャ、中華民国、ポルトガルなど一一名の委員が賛成、イギリス、アメリカ、ポーランド、ブラジル、ルーマニアの五名の委員が反対した。

ところがウィルソンは、「全会一致でないため提案は不成立である」と宣言した。牧野は「会議の問題においては多数決で決定されたことがあった」と抗議したが、ウィルソンは「本件のような重大な問題についてはこれまでも全会一致、少なくとも反対者ゼロの状態で採決されてきた」と回答し、強引に不採択を宣言して日本の提案に終止符を打った。

　ウィルソンはなぜ日本の提案を否決したのか。当時のアメリカは、アジア人排斥運動の高まりだけでなく、すでに白人と黒人とのあいだにも深刻な人種対立を抱えていて、日本の提案した「人種平等規約」が国際連盟規約に盛り込まれることになれば、アメリカ国内に重大な影響を及ぼすと考えたからだった。一九一七年にはワシントンはセパレート・シティになっており、バスや電車、学校など各公共施設も白人用と有色人種用の二つに区画が分けられていた。それがどんな光景だったか。

　アメリカの「門戸開放」と「機会の均等」原則は、日本に対してだけでなく国内の有色人種にも適用されていなかった。そして、「門戸開放」と「機会の均等」の主張は、アメリカ国内の有色人種が白人に対して求めていたことでもある。

　パリ講和会議における日本の提案がウィルソンによって否決されたことは、当時の日本人を大いに落胆させた。アメリカ西海岸の日本人移民への迫害は依然として続き、この五年後に排日移民法が成立した。日本人は、「実力がなければ正義は実現しない」ということを、このときのアメリカから教えられたと言える。だが、結果的に〝流産〟したとはいえ、「人種平等規約」の提案は、二十世紀の世界史における日本の金星である。

アメリカにおいて「公民権法」が成立するのは一九六四年、国連で「人種差別撤廃条約」が成立するのは一九六五年である。日本の提案を否決してから四十五年遅れて、ようやくアメリカ国内での人種平等は理念的に認められた。ただし、黒人の実感としての現実が変わってくるのは、さらにもっとあとだが……。

アメリカにおける人種差別がいかに陰湿、凄惨なものであったかは、戦後の公民権運動が盛んな頃、実際にミシシッピーで起きた黒人とユダヤ人活動家が白人に殺害された事件を描いた「ミシシッピー・バーニング」（一九八八年公開）という米映画に余すところなく描かれている。もっともこの映画にしても、白人の連邦捜査局（ＦＢＩ）捜査官が事件の解決に奮闘する姿に対し、当時のＦＢＩは人種案件に関する犯罪に無関心、非協力で、あり得ないという強い批判もある。

日本との開戦を望んだアメリカ側の意図

日本人の考える「世界史」に戻れば、日本の対米戦争の遠因は人種差別にあり、近因は対日石油禁輸などの経済封鎖にあった。

真珠湾への奇襲で日本が先に仕掛けた戦争と世界の人々は思っているが、ルーズベルトが日本に先制攻撃をさせ、それを口実に欧州の大戦への参戦を考えていたことは種々の証拠から明らかで、戦後の日本人が自ら知性と勤勉性、道徳が退廃し、夜郎自大になって戦争に突入したなどと決めつけるのは、当時の国際社会を見ず、当時の日本人の実感を汲《く》まない物言いである。日本人に歴史に対する反省が足りないとするなら、私はこうした複雑さ、内外の様々な要因を見ないまま単純に、敗戦後GHQによって刷り込まれた「侵略国家・日本」というギミック（gimmick＝からくり）に気づかず、それを払拭しようとしないことである。

日本との開戦を望んだアメリカ側の意図の傍証として、いくつか挙げておこう。イギリス軍需生産相のオリバー・リットルトンが一九四四（昭和十九）年六月二十日、ロンドンの米国商業会議で「米国が戦争に追い込まれたということは歴史の改作狂言である。米国が、日本をして次のごとき限界まで追い込んだからだ。すなわち日本人は真珠湾において、攻撃するのを余儀なくされるまで、アメリカに強圧されたのである」と述べているほか、当事者としてマーシャル米陸軍参謀総長が、戦後の一九四六年四月九日の上下両院合同調査委員会で、「ハル・ノート」の手交前日にルーズベルトのもとで開かれた戦争諮問委員会（ハル国務長官、スチムソン陸軍長官、ノックス海軍長官、スターク作戦部長らが出席）について、「アメリカ側から先に攻撃を開始すれば国論は分裂の恐れがあったから、外交の手続き上で、日本をして先に手出しをさせる必要があった。それではどういう手を打つべきかについては、ハルが大統領のために準備すべきであると決定された」と証言している。

また当時、共和党の下院議員だったハミルトン・フィッシュは、〈確かに日本は、宣戦布告のないまま四年間にわたり中国と戦争状態にあったが、同時にソビエト・ロシアがフィンランド、ポーランド、およびバルト諸国を侵略していたのも事実である。アメリカは、このソビエトの行動に対しては何ら対処しないばかりか、その後、同国と同盟を結ぶに至った。しかしながら、その一方で日本は、自国軍の中国（満州を除く）およびベトナムからの撤退を約束し、南下しないことに合意する用意があった。

日本のような強力な国家に対し、米国はこれ以上何を要求できると言うのか。天皇および近衛首相は、平和を維持するために、信じられないほどの譲歩をするつもりでいたのである〉（ハミルトン・フィッシュ著／岡崎久彦監訳『日米・開戦の悲劇』ＰＨＰ研究所）と述べている。

戦勝国の価値観と利害で語られる「野蛮な侵略」

たしかに日本は日露戦争後に韓国を併合し、シナ大陸に進出した。大東亜戦争では東南アジアの諸地域を白人列強との戦場にした。それを非難する声は国内外に多い。しかし、これらはそもそも領土的な野心から出た行為ではない。今日、一方的に「野蛮な侵略」と括られるのは、歴史の輻輳《ふくそう》した経緯をただ戦勝国の価値観と利害で語られる政治言語でしかない。

日清、日露の両戦争と、韓国併合とその後の統治は、日本にとって十九世紀的な帝国主義時代における国家の生き残りをかけたやむをえざる政治の手段としての決断で、明治政府はそれを好んだのではない。日本からすれば、当時の清国と朝鮮には欧米列強の圧力を撥ね返す力がないばかりでなく、手をこまぬいていれば自らの安全と独立が脅かされるのは間違いない状況で、日本の脅威となるような事態が朝鮮半島に起こるのを防ぐために、朝鮮半島と支那大陸の安定という難問に踏み込んで行かざるを得なかった。しかも日韓併合は、大韓帝国と大日本帝国とのあいだの条約というかたちで為《な》された。

拓殖大学国際学部教授の呉善花氏も〈明治初期の日本の征韓論が、朝鮮侵略それ自体が目的ではなく、ロシアの圧力からの自国防衛に加え、真の狙いが中華主義に基づいた華夷秩序の破壊にあったこと。自らは政争を繰り返しながら、内には復古的専制主義を、外には強固な鎖国攘夷主義と中国への忠誠を取り続けた李朝は、日本からすればとても尋常な精神のものとは思えなかったにちがいなく、日本はそのように頑迷な隣国朝鮮の存在が国家の防衛上大きな障害であることを認識したのはやむを得なかったと理解〉（『日本と韓国は和解できない』ＰＨＰ研究所）できたと述べ、これは当時の日本と朝鮮の状況を端的に汲んだものである。

付け加えれば、先に登場したヘレン・ミアーズは『アメリカの鏡・日本』で〈日本が韓国を併合したのは、新皇帝（純宗）が懇願したからだった。日本は一つ一つ手続きを外交的に正しく積み上げていった。そして宣言ではなく条約で最終的な併合を達成した。列強の帝国建設はほとんどの場合、日本の韓国併合ほど合法的な手続きを踏んでいなかった〉と述べている。

「通用しない」という言い方をする人たちへ

日本に対するロシアの不法非道についても「世界史」に記す必要性を述べておこう。ここでは端的に、大東亜戦争の終戦期の話をする。

昭和二十（一九四五）年八月八日（日本時間八月九日午後十一時）、ソ連のモロトフ外相は佐藤尚武駐露大使を召致し、翌年四月まで有効だった日ソ中立条約に反して日本に宣戦布告した。スターリンは日本が連合国との和平仲介を乞うているのを知りながら、中立条約違反についてはルーズベルトの参戦要請をもってそれを阻却できると考え、満洲と樺太で侵攻を開始した。

日本は第五方面軍（北海道・南樺太・千島列島を作戦地域とする軍部隊。樋口季一郎中将指揮）麾下の第八八師団が樺太、第八九師団が南千島、第九一師団が北千島の守備に当たっていた。満洲は関東軍である。ソ連のマリク駐日大使が正式に東郷茂徳外相に宣戦を伝達したのは翌十日午前十一時過ぎ。九日午前零時過ぎには、早くも極東ソ連軍は総兵力一五七万、火砲二万六〇〇〇余門、戦車・自走砲約五六〇〇両、航空機約三五〇〇機の圧倒的な戦力をもって攻撃を開始していた。

ソ連軍侵攻の通報を受けた第八八師団の峯木十一郎中将はただちに対ソ作戦実施を決意し、「樺太防衛のため決起せんとす」との命令を各部隊に発し、以後少しでも多くの民間人が避難できる時間を稼ぐために各部隊は奮戦した。

しかし、十四日深夜に日本政府がポツダム宣言を受諾すると事態は日本軍を苦境に立たせる。翌十五日正午に米軍の攻撃は停止され、日本軍も十六日午後に「即時戦闘行動停止」が下令された。第五方面軍も全将兵に「内外に日本武士道の真髄を発揮」するよう訓示し、自重を要望したが、ソ連軍は攻撃を停止せず拡大したのである。

戦闘を停止しないソ連軍に対し、第五方面軍は第八八師団に「自衛戦闘を行い、南樺太を死守せよ」と命じたが、師団本部は停戦に向かいかけたところで再び戦えとの命令に困惑した。当然である。命令を受領した各部隊は混乱のなか再武装と陣地の死守に奮戦するが、民間人を守れない悲劇が数多発生した。

「氷雪の門」という映画で知られる、通信維持のため電話交換の業務を全うすべく優先引き揚げの指示を断わって真岡郵便局に残った九人の女性たちの服毒自決は八月二十日のことである。

ようやく二十二日、知取《しるとる》という町で第八八師団とソ連現地軍の停戦協定が成立する。鈴木康生参謀長は「邦人に対する略奪、暴行、強姦などのないこと、真岡に上陸したソ連軍の砲爆撃を直ちにやめること、真岡で発生した軍使射殺の再発防止」などを要求し、ソ連側は同意したものの実際にはソ連軍の無差別攻撃は止まず、合意の多くはほとんど実行されなかった。この間、停戦交渉に赴いた日本側の軍使の多くが無警告に射殺されている。

停戦協定が成ったはずの二十二日、避難民を満載した小笠原丸、泰東丸、第二新興丸の三隻が留萌沖の海上でソ連潜水艦の攻撃を受け、小笠原丸と泰東丸は沈没、海軍の特設砲艦だった第二新興丸は船尾を破壊されながらも、浮上した潜水艦に砲戦を挑み、何とか留萌港に辿り着いたが、日本がポツダム宣言を受諾してから一週間を過ぎてなお、直接戦闘とは関係ない引き揚げ船をソ連軍は攻撃し、乗船者五〇八二人のうち死者・行方不明一七〇八人の犠牲を日本に強いた。

スターリンはヤルタ密約になかった北海道の分割（留萌から釧路に線を引いたその北側）占領をルーズベルトの死後米大統領に就いたトルーマンに要求している。トルーマンは日本占領における米国の主導権確保のためそれを拒否したが、にもかかわらずソ連軍は北海道上陸作戦の準備を続けた。

このソ連軍の北海道侵攻を危うく防いだのはトルーマンの拒否だけではない。侵攻の準備基地にするはずだった南樺太の占領を遅らせた第八八師団やカムチャッカから攻め込んできたソ連軍と激戦を展開し幌筵島以南に容易に侵出させなかった第九一師団などの善戦敢闘があった。

樺太庁の計画による島民の北海道への緊急疎開は約七万六〇〇〇人で、自力で脱出した約二万四〇〇〇人を合わせると、全島民の四分の一にあたる約一〇万人が戦禍から免れたことになる。

しかし、結果的にスターリンは米軍の進出がないのをいいことに、わが国固有の領土である南千島及び北海道に付属する歯舞諸島、色丹島までを占領した。択捉島へは八月二十八日、色丹島へは九月一日、歯舞諸島へは九月四〜五日にかけての侵攻だった。これは日本の正式降伏調印（九月二日、東京湾上の米戦艦ミズーリにおいて）後である。

ヤルタ密約を根拠にソ連は北方四島を占領し、後継国たるロシアも「第二次大戦の結果、自国領になった」とその正当性を主張し続けているが、ヤルタ密約は米英ソ三国の首脳が交わした軍事協定にすぎず、条約ではない。国際法としての根拠はなく、領土の決定は当事国同士の取り決めによるという国際法の常識に照らせば、密約自体が、当事国が関与しない領土の移転は無効という国際法に反している。

また当事国だった米国も法的根拠をロシアに与えていない。一九五六年、アイゼンハワー政権は、ヤルタ密約は「ルーズベルト個人の文書で、米国政府の公式文書ではなく無効」との国務省声明を出している。北方領土返還を求める場合、サンフランシスコ平和条約で、日本が南樺太と千島の権利を放棄したことが足枷になっている。

その後、サンフランシスコ平和条約に調印しなかったソ連と国交回復のための交渉が始まり、その共同宣言でソ連は「将来平和条約が締結された際には、歯舞・色丹を引き渡す」と約束したが、択捉・国後への言及はしなかった。

問題なのは歯舞・色丹は「返還」でなく「引き渡す」にある。さらに、日本が国交回復後も「領土問題を含めて平和条約に関する交渉を継続する」という字句を宣言に入れることを要求したのに対し、ソ連は、領土問題は歯舞・色丹だけで解決済みとし、「領土問題を含めて」の字句を入れさせなかった。

ソ連からロシアに変わり、エリツィン大統領時代の「東京宣言」で大きな進展があったかに見えたが、経済協力の財布だけを開けさせられ、領土問題に関しては元の木阿弥が続いている。安倍首相も「諦めないかぎり敗北はない」と粘り強くプーチンに働きかけているが、経済援助という取引材料だけでなく、力の信奉者にはどう対すべきかという根本の心構えが日本には必要である。

東京裁判を受け入れた日本が、いまさらそんな話をしてもアメリカもロシアも中国も韓国も納得させられない、「通用しない」という言い方をする日本人がいるが——細かいことを言えば、日本は東京裁判を受け入れたのではない。その「諸判決」を受諾したのである——、それは、日本人の視点を持たない、日本を「この国」とだけ語って「わが国」とは思えない人たちの認識である。

歴史の紛争にはそれぞれ当事者がいて、それぞれに主張がある。「通用しない」というのは、日本ではない国を立脚点にして日本を見ているからに過ぎない。侵略主義、軍国主義という戦前の日本に貼られたレッテルをそのまま受け入れることは歴史の事実に反する。それは「彼らの悔しさの現れである」と見抜くのが本当の国際感覚である。

さて、世界が「日本化」する理由を再論する。

［理由⑩］

二十世紀の百年間が世界人類にとってどのような時代だったかと考えると、「白人絶対の時代が終わって、人種平等の理念が国際社会に定着したこと」が挙げられる。しかも、それは日本がほとんど単独で成し遂げた。同じスケールのことを今後もできる国が、他にあるだろうか？

［理由⑪］

戦前の日本に対して「侵略主義」「軍国主義」というレッテルを貼る国は、いまや中国か韓国ぐらいである。それ以外のアジア人、欧米人は、もはや言わない。そんなことよりも日本に経済協力をお願いしたいと思っている。

第六章

日韓「歴史問題」を終わらせる

慰安婦問題に関する迷妄を根本的に解く

慰安婦問題に関し「最終的かつ不可逆的に解決される」との認識を共有したはずの平成二十七（二〇一五）年の日韓合意を検証していた韓国外交部の作業部会が、昨年（平成二十九年）末、合意は被害者の意見を十分に反映したものではなかったと結論づける検証結果を発表した。韓国政権は日韓合意時の朴槿恵大統領が〝失脚〟し、親北朝鮮で左翼色の濃い文在寅政権に代わっている。

康京和外相は、検証結果を検討し、被害者や支援団体と相談した後、今後の方針を決めることになると述べ、合意の破棄ではないが日本側が自主的に何らかの措置をとることを期待すると述べた。

日韓外相会談のため来日した康外相は、わが河野太郎外務大臣に「日韓合意について韓国国民は納得していない。朴槿恵前大統領が勝手に決めて韓国外務省は関与していないので、正当なプロセスを経ていない」などと言い訳をしたが、河野外相は「納得させるのはそちらの仕事で、こちらの仕事ではない。首脳同士が合意し、両国外務省が最後は握手した。これを正当なプロセスでないというのであれば今後、韓国とは何も決められない」とニべもない対応だった。これは大方の日本人の気持ちを代弁したものだと思う。

　この点を康氏は明確に反論できなかった。河野外相との会談後、安倍首相と面会したときも、首相から韓国が合意を破棄したり、見直ししたりしないように強く迫られ、表情を固くしていたという。韓国は二国間であれ多国間であれ、約束事を守れない、守ろうとしない国であると世界に印象づけた。

　慰安婦問題をはじめとする日韓間のこじれについては、「伝統的に自己中心的に物事を考える」韓国側との和解や示談を考えてきた日本側にも問題がある。つまり、適当な距離をとって深くは交際しないという手段も外交にはあることを知らなければいけない。

　そして、韓国を説得、納得させるよりも、事情をよく知らないまま韓国の〝告げ口外交〟その他に騙されている国々への客観的な事実の発信に力を注ぐべきである。そのためにも日本人こそが歴史的な事実を知っておく必要があるが、これまで述べたように東京裁判史観に染まった日本人にはそれがない。

　ここで、慰安婦問題に関する迷妄を根本的に解いておこう。かつて朝日新聞が書いて世界に拡散し、日本国民がショックを受けたこの問題のポイントは次の二点に要約することができる。
①日本は国家として韓国の女性を強制連行した。
②さらに連行先で強制売春をさせた。
この話を聞いて戦後生まれの人が驚くのは無理もないが、当時を知っている世代の人の感想はちょっと違っている。①については、強制連行は日本国民全体を対象にしたことだから、そういうことがあったとしても不思議ではない。もしも問題だとするなら、強制とはどの程度のことを指すのか、そのへんの調査を添えて詳しく知りたいと思ったことだろう。

それから〝国家による売春を目的とした強制連行〟があったというのならそれは初耳で、また想像しにくいことだから、詳しく調査のうえ、証拠をつけて報道してほしいと思ったに違いない。国家による強制売春は何かの間違いだろうと考えるが、しかし新聞記者はそう思わなかったらしい。

日本国および日本軍は悪の権化で邪悪の限りを尽くしたに違いないとかねて思い込んでいるらしく、記者もデスクも、吉田清治という自称・元山口県労務報国会下関支部動員部長が「私は奴隷狩りを行った」と書いた『私の戦争犯罪──朝鮮人強制連行』（三一書房、昭和五十八年）という本の内容と、数人の韓国女性の体験談を組み合わせて、ただちに日本国と日本軍を断罪する記事をつくりあげた。

『朝日新聞』は平成二十六年八月五日付朝刊で《慰安婦問題　どう伝えたか　読者の疑問に答えます》との大見出しのもと、一六回も取り上げた吉田清治の「慰安婦を強制連行した」という証言について「虚偽だと判断し、記事を取り消します」としたことは読者も記憶に新しいと思うが、日本の軍官憲が朝鮮の女性を慰安婦として強制連行したという記事は、新聞によくある誤報という話では済まず、韓国政府が取り上げ、日本政府も調査に乗り出し、そして「女性のためのアジア平和国民基金」が設置されて、〝日本国民は謝罪のため拠金をしましょう〟との呼びかけが始まった。

不思議でならない四つのこと

どうしてこんな方向に話が進んだのか。当時を振り返って不思議に思う次第を順番に書いてみよう。

第一に、国家が国民を強制連行するのが悪いことかどうか。平和な現在の日本では強制連行は裁判官の逮捕令状がある場合に限られるが、戦争中はちがう。勝つためには何でもしなくてはならないし、国民もそれに応ずる。

二十歳以上の頑健な男子は徴兵されて兵士になる。それ以外の男子も徴用されれば軍需工場へ働きにゆく。昭和十四年七月の国民徴用令公布により一六〇万人。昭和十九年からの学徒動員では中学二年以上、昭和二十年からは小学生も、男女を問わず工場や農業労働へ動員された。

また、昭和十九年末、三菱・中島・川崎などの航空機工業で働く労働者総数は二七三万人で、その内訳は工場によりちがうが、常備工一五～四〇％、徴用工二〇～五〇％、学生三〇～四〇％、兵士一〇～一五％となっているから、学生は大事なパワーである（高橋泰隆著『中島飛行機の研究』日本経済評論社）。

私の妹も神戸の女学校の二年生だったが、学徒動員でクラスごとにまとまって先生に引率されて工場へ働きに行った。軍需工場には爆弾の雨が降ってくるから大勢の中学生や高校生が爆死したが、もちろんのことながら国家は謝罪などしないし、中止もしない。

少年少女は友人の葬式をすませたら翌日もまた同じように工場で働くのである。悲壮な決心で働くから「勤労挺身隊」と呼ばれた。挺身とは、たんに身の危険を顧みず働くという意味だが、上に女子がついて「女子勤労挺身隊」というとなんだか変な語感があるなと、当時も思ったが、はたせるかな現在の韓国人もそう思ったらしくて、韓国の女子中学生が「女子挺身隊」にされ、工場へ「強制連行」されたと聞くとたちまち強制売春と誤解したが、これは歴史の認識に誤りがあった。

では第二に、売春を前提とした強制連行があったかどうか。私はないと思っているが、その理由は三つある。

一つは、売春への出稼ぎは別に珍しいことではなく、当時は募集する業者も応募する人もいたという時代だったから、なにも国家が直接手を下す必要はなかった。二つは、戦地での接客業は大変な高収入だったから日本人のなかにも応募者は大勢いた。当時は日本人も韓国人もおしなべて貧乏だった。三つは、昭和十九年以降、敗色濃厚で戦地が危険になると応募者が減少したことはあるが、そのときは日本軍も戦備強化が第一で、慰安婦の徴募や移送に手を貸すどころではなかった。

この場合も日本国家が手を下したかどうかが重要で、国家がした行為ならその行為には必ず名称があり、それを示す文書が残っているはずである。発令者と受令者およびそれに関連する事務を取り扱う各方面の機関に、その文書や記憶が残っていなくてはおかしいのである。

それから次に大事なことだが、慰安婦の「募集」は強制連行を意味しない。むしろそうではなかったことの証拠となる。募集は自由意志を前提とするが、それもわからない人がいるらしく、国家関与を示す証拠が見つかったという記事が出たので読んでみたら、「募集」をする業者への協力を朝鮮総督府が地方機関に依頼する文書だった。それでなるほど関与したことはわかったが、関与はその程度であって強制した証拠にはなっていない。

第三に、現地での強制売春があったかどうか。ここでも売春業者やヒモや親が女性に強制した話ではなく、国家または軍がしたかどうかが重要である。それから、軍人がしたことはイコール軍がしたことではないという区別も重要である。個人が個人に対して関係を強要するのは、この場合の「強制売春」には当たらない。それはむしろ「陸軍刑法」(明治四十一年四月十日　法律第四十六号)第八十八条ノ二を読んだほうが早い。

「戦地又は帝国軍ノ占領地ニ於テ婦女ヲ強姦シタル者ハ無期又ハ一年以上ノ懲役ニ処ス」で、その軍人を軍が処罰することになっている。

第四に、管理売春の話も基礎知識として重要である。現在の日本の法律は売春する個人を罰するものではなく、女性を強制または半強制して売春をさせる業者を罰することになっている。ソープランドも〝部屋を貸しているだけの不動産業〟という言い訳が立つように運営されている。つまり個人の行為として売春することは咎めないが、業者が売春を管理することは悪としているのであって、ここでは管理とはどの程度の強制を意味するかが大事である。

この点は戦前、戦中も同じで、国営の赤線地帯や陸軍直営の慰安所などはなかったし、あろうはずがない。ただし、売春を管理する業者を監視したり、便宜を供与したりすることはあった。

また戦地と一口で言っても、後方は治安も産業も回復して、軍の仕事は警備だけになるが、最前線に近づけば民衆の生活も含めてすべてのことが軍の仕事になる。軍だけが、食料・建設資材・輸送手段・通信手段と秩序をもっているのだから当然である。

無意味な長期戦を八年も続けた拙劣さが原因

戦火が収まると、日本内地から日本料理屋のみならず売春業者もやってきて開業を希望する。写真屋というのもなかなか大事な軍隊関連産業で、その他合わせて少しずつ日本内地と同じ賑わいが再現される。

日本軍はドイツを見習い、郷土連隊と称して同じ県の出身者を集めて連隊をつくり、それがだいたい県庁都市に駐屯していた。その連隊がまとまって中国の某地に移動し、しかもそこで長期滞在するとなれば、馴染みの業者がそっくり現地進出するのはむしろ自然なことで、これは連隊長も兵士の一人ひとりも大歓迎だった。

すさんだ戦場心理が正常に戻って軍の秩序は回復し、現地人への犯罪も減少するというわけで、そういう業者の進出には便宜を供与した。安全な場所を選定して土地建物を割当てること(=監督)から始まって、輸送の便宜、資材の提供、営業の方法に関する協議等が行われたとしてもそれは当然のことである。

理由の第一は、軍としては福利厚生施設の整備になる。第二は現地人との摩擦の予防、第三は日本人である業者の生命財産の保護等である。したがって戦争が敗色濃厚となってからは、そうした民間人には引き揚げ勧告が行われたが、それに従わなかった人もいる。〝兵隊さんと一蓮托生がいい。故郷へ帰ってもそんなによい暮しがあるわけでなし……〟と考えたかどうかはもう兵隊小説の世界だが、ともかく軍が強制して全滅に付き合わせたとばかりは思わないことである。

この問題の根源には、たしかに無意味な長期戦を八年も続けた日本の拙劣さがある。外征戦争は出征して決戦して帰国するもので、その期間は一年か二年以内というのが人間の限界である。アメリカもベトナム戦争を十二年間続けて同じ失敗を繰り返した。軍規は崩壊し、戦闘はルールを失った。

その対策としてベトナム戦争の後期には「戦場心理学」と称する学問の成果を取り入れて「ベトナム勤務は一年間」という制度をつくった。一年間なら上官への服従精神も禁欲生活も続くだろうと考えたのだが、これが一層のモラル崩壊を招いたのは机上の学問の悲劇だった。

それまでのアメリカ兵は「この戦争は自由を守り、共産化からベトナム人を守る正義の戦争だ」と説明され、そのためなら戦死しても仕方がないと納得していたが、新制度で一年たったら帰国できるとなると、突然戦争はサラリーマン的な〝勤務〟になってしまった。むしろ名誉なき苦役になったから、アメリカ軍は指折り数えて三百六十五日の年季明けを待つ〝五時まで男〟の集団になってしまった。したがって、それ以降の戦争は連戦連敗で「世界一強い軍隊」の名誉はベトナム軍にとられてしまった。

そういう事情は万国共通だから、日本軍の慰安婦問題を論じて、日本軍は特別に人権不在の軍隊であったとか、日本民族は格別に好色民族であったとかを論ずるのは当たらない。無意味な長期の外征戦争を自ら終息させなかった政治家の無能がいちばんの原因で、長期外征戦争が軍隊を崩壊させることはどこの国の軍隊でも共通である。

というわけで、現地駐留軍が売春業者を監督したり、営業に便宜を供与したりした事実があったとしても、それをもってただちに「日本軍が管理売春をした」と言えないことは理解していただけたと思う。それから個人の自由意志による売春を悪だとする考えは、人情や道徳や都市の美観や公衆衛生から出てくる。

何を謝罪しなくてはいけないのか

さて以上を予備知識として「女性のためのアジア平和国民基金」（理事長・原文兵衛氏）が国民に呼びかけたパンフレット〈「従軍慰安婦」にされた方々への償いのために〉にはなんと書かれていたか。呼びかけ人は赤松良子氏ほかの一九名であった。

まず表題を見ると「従軍慰安婦」にカギカッコがついている。これはどういう意味なのか。そういう正式な名称があったのか。たとえば「従軍看護婦」とか「従軍記者」とかの制度があったのかと思ってページをめくったが、その説明は最後まで出てこない。とすればこれは、〝いわゆる〟という意味のカギカッコだが、他人に拠金を呼びかけるからには「こういう境遇にあった人」という定義づけがなければいけなかった。そうでなければ何を謝罪しなくてはいけないのかがわからない。

次は「従軍慰安婦」にされた方々——とあったが、されたの意味が不明である。したのは誰なのか。そのときはどんな強制が行われたのかを明らかにしていないのはおかしい。この基金が呼びかけている相手は「強制した人」およびその責任を引き継ぐ立場にいる人なのだから、そこが明確でなければ一億国民は自分が呼びかけられているとは思わないことだろう。実際、そうなった。

当時の村山富市首相は、基金発足への挨拶で〝この問題は、旧日本軍が関与して多くの女性の名誉と尊厳を深く傷つけたものであり、……（略）……政府は、過去の従軍慰安婦の歴史資料も整えて〟（傍点、日下）と書いているので、その歴史資料を読もうとページを繰ってみると、岡部直三郎北支那方面軍参謀長が昭和十三（一九三八）年六月に出した通牒が登場する。

「軍人個人ノ行為ヲ厳重取締ルト共ニ、一面成《な》ルヘク速《すみやか》ニ性的慰安ノ設備ヲ整へ、設備ノナキタメ不本意乍《なが》ラ禁ヲ侵《おか》ス者無《な》カラシムルヲ緊要《きんよう》トス」

これは別に驚くような資料ではない。むしろ立派な趣旨である。あるいはたんなる方針の通知で実行命令ではない。

アメリカ軍は昭和二十年の日本進駐にあたっては、こうした慰安施設をつくるよう日本政府に命じている。終戦から三日後の八月十八日、内務省警保局長は各都道府県知事に占領軍向け性的慰安施設を設置するよう秘密指令を出した。東久邇宮内閣に副総理として入閣していた近衛文麿元首相が坂信弥《さかのぶよし》警視総監を呼んで、「日本の娘を守ってくれ。この問題は、一部長にまかせないで、君が先頭に立ってやるように」（神崎清著『夜の基地』河出書房）と直接依頼した。

命令を受けて女性集めをした業者の体験談がいくつかの本になっているが、米や毛布数枚の支給を条件に募集したところ、〝性の防波堤〟に応募してくる日本女性が大勢いて意外だったと書いてある。

そうだろうと私が納得するのは、昭和二十一年になって食料不足が深刻になり、かつアメリカ兵が町にあふれるようになると、日本女性が自発的に個人営業で駅前や街角に立つ姿を多く見たからである。彼女たちはパンパンといわれたが、日本人相手の人は地味でアメリカ兵目当ての人は濃い化粧でネッカチーフをかぶり、ショルダーバッグを肩にかけていた。その頃アメリカ軍が慰安所の設置に熱意をなくして日本女性との交際を許したのは、兵隊の身に危険はないとわかったからだろう。逆に日本女性のほうが危険だったが、その問題について配慮するのはだいぶ時間が経ってからだった。

当時の社会に戻らなければわからない話

話を戦争中に戻して日本軍の場合はどうだったかというと、当時、中学生だった私より五年以上の年長者は続々と軍隊に徴兵されて後輩にその体験談を語ってくれたが、異口同音に出てくるのは、日本軍では性病の解説とコンドームの支給と一般女性を相手にしてはいけないという訓話があるという話だった。これは相手国の女性への配慮である。

それから慰安所へ行ってみた話もあって、女性が気の毒だという感想もたくさん聞いた。しかし、逆に女性たちから「戦死するために集められている男は気の毒だ」と言われたという話もあった。

小説仕立てに書けばこうなる。

女性が聞く。

「山田伍長さんはしばらく来ないけれど元気なの？」

兵隊が答える。

「死んだ。十日ほど前の討伐で腹を撃たれて死んだ」

「そう、木下兵長さんと同じね。あなたは大丈夫？」

「わからない。近くフィリッピンへ行くという噂もある。そうなれば全員助からない」

「みんな死んでゆくのね」

「オレはもう日本へ帰ることはないとあきらめた。どこかの土になる。このごろは故郷の夢をみるよ」

「私はたくさん儲けたからそろそろ故郷へ帰ろうかしら」

「ぜひそうしてくれ、オレの代わりに。あんたの故郷の朝鮮の村の話を聞かせてくれ」

「日本人のあんたにはわからない」

「そう言わずに親の話かお正月の話でも聞かせてくれ」

こういう男と女のあいだに起こった出来事だという理解は、政治問題化したことですっかり消されてしまった。

同じく女性が慰安婦になった事情も当時の社会に戻ってみなくてはわからない。貧乏な国と貧乏な時代、親の困窮、子供の養育責任、それ以外の職業の苛酷さ、階級社会の存在と、これだけの背景が揃えば売春はそれほど特異なことではなくなる。そのうえ、収入の大きさは若さと魅力の証明にもなっていた。そうした状況下であれば慰安婦の募集はほとんど強制力を必要としないのである。

しかし現在の常識は、何か直接の強制力があったはずだと考える。それは社会の貧窮それ自体がもっと大きな強制力だった時代を知らない人の議論である。

調査の詳細を示さずに「謝れ」「償え」とは？

問題のパンフレットに戻ろう。

昭和十三年三月四日陸軍省副官の通牒には次のようにある。

「支那事変地ニオケル慰安所設置ノ為《ため》内地ニ於《おい》テ之《これ》カ従業婦等ヲ募集スルニ当リ、……（略）……募集ノ方法、誘拐ニ類シ、警察当局ニ検挙取調ヲ受クルモノアル等、注意ヲ要スルモノ少カラサルニ就《つい》テハ、将来是等《これら》ノ募集等ニ当リテハ、派遣軍ニ於テ統制シ、……

（略）……以テ軍ノ威信保持上、並《ならび》ニ社会問題上、遺漏ナキ様配慮相成度依命通牒《ようはいりょあいなりたくいめいつうちょう》ス」

これはいったい何の証拠になっているのだろうか。日本内地には悪徳業者がいて警察がそれを取り締っているが、そういう業者が外地で同じことをしないようにしっかり軍も統制せよというのだから立派なものである。「関与」していた証拠にはなるが、その関与はむしろプラスの方向だったとわかる。

ところがこれに前後して出てくる呼びかけ文は、「軍が直接経営したケースもありました」「朝鮮半島から集められた女性がふえました。その人たちの多くは、一六、七歳の少女もふくまれる若い女性たちで、性的奉仕をさせられるということを知らされずに、集められた人でした」（傍点、日下）と書いてあるので、それなら大変だと思って読み進めるとその例証はない。軍が直接経営したケースがあったのなら、その詳細を発表してほしいものである。知らされずとは、どんなケースなのか。それから性的奉仕とはどんなことをさすのか――これを読む人のイメージでは奉仕とは無料でかつ服従的な行為――ということになるが、どんな事実があったのか調査の詳細が示されないまま、謝れ、償え、というのはおかしい。

実際のところ加害者や被害者の談話として新聞に発表されたのは、日時・場所・年齢・

状況等がチグハグなものばかりで、それを掲載した新聞の歴史認識も含めて国民の多くはいまも納得しかねている。感情に訴えるような文章だけでは、日本人全体の歴史認識や道徳心や論理的思考力までが疑われてしまうというものである。

とくに欧米には恐るべき女性虐待の歴史があるから、軽々しく性的奉仕などの抽象的な表現を用いるのは禁物である。極端なことを想像される恐れがある。「女性基金」発足の頃から私はそれを危惧したが、その危惧が現実になって二十余年経っている。

大きく報道されない秦郁彦氏の調査結果

国家の「関与」が認められた場合、その次に問題になるのは、関与の程度に応じた謝罪および償いになる。当時呼びかけ人は国民に対して「この程度は関与したのだから、この程度は償わなくてはいけない」という説明をつける必要があったが、それもなかった。

代わりにこんな文章があった。

「相当多数の女性がこの制度の犠牲者となったことはまちがいないでしょう。現在研究者の間では、五万人とか、二〇万人とかの推計がだされています」（傍点、日下）

この制度とはどの制度なのかともう一度よく読んでみたが、それはどこにも書いていない。「軍が統制した慰安所」というのがそれに当たるらしいが、それではあまりにも漠然としているから研究者の答えも五万人から二〇万人にまで幅ができるのだろう。この制度というのをはっきり定義して、「十六、七歳の少女に強制して性的奉仕をさせた軍直営の慰安所」としたら該当者が何人になるのかを研究者に確かめてから教えてくれれば、呼びかけのアピールはもっと力強いものになっただろう。

ここで研究者の回答の一つを挙げておこう。

現代史家の秦郁彦氏は、政府が集めた二百数十点に及ぶ公式文書を調べ直すとともに、それ以外の外務省資料や警察統計などにも当たった。平成十（一九九八）年に発表した調査結果によれば、戦地にいた慰安婦の総数は一万数千人で、「五～二〇万」説を大きく下回っている。内訳も大部分を占めるとされた朝鮮人女性は二割程度で、日本内地の女性のほうが多い。

慰安婦の総数をめぐっては、朝日新聞が「従軍慰安婦の総数は八～二〇万人で、八割が朝鮮人女性」と繰り返し書いてきた。毎日新聞は「一〇～二〇万人」、平凡社の大百科事典は「八～一〇万人」説だ。国連人権委員会のクマラスワミ報告やマクドガル報告も「二〇万人」という数字を採っているが、いずれも秦氏ほどの調査をした形跡はない。秦氏はほかにも「戦地慰安所の生活条件は平時の遊郭と同じレベルだった」「慰安婦の九五％以上が故郷に生還した」「軍を含む官憲の組織的な『強制連行』はなかった」「元慰安婦たちへの生活援護は、他の戦争犠牲者より手厚い」などの事実が調査で確認されたという。なぜこうした結果が大きく報道されないのか。

女性もまた、たくましく戦争時代を生きた

現在においても、このような問題を考えるときの留意点をいくつか挙げておこう。

（1）事実を確認する。
（2）それは例外的なものか一般的なものかを確認する。
（3）その時代の常識ではどうだったかを考える。
（4）国家の行為と個人の行為を分けて考える。
（5）他国の例を参照する。
（6）すでに七十年を経たことを考慮する。

（7）その間に行われた日韓基本条約・請求権協定の締結や援助（国民はそのとき税金を払っている）と両国首相のこれまでの声明が持つ意味を考える。
（8）以上を総合したうえで、自分にはどの程度の責任があるかを決定する。
ということになる。この問題のポイントは国家による強制があったかどうかだと思うが、むしろ売春をめぐる個人的事情のほうが主役になっているのは、現代人のセンスだと思われる。

最後に、他国の例としてこんな話があるので紹介しておこう。

――（その一）

「ドイツ国防軍は、ノルウェー占領軍のためにバルト海沿岸諸国から女を集めて売春キャンプをつくり、彼女たちを乗せた船が着くのが熱心に待たれていた。

船の到着と出発は部隊間の興奮した通信連絡を引き起こし、船が出発した港の通信士が、目的地の港の仲間の通信士に女を推薦することも稀ではなかった。

そして推薦の理由はそれぞれまったく微に入り細に渡っていたので傍受するスウェーデンの暗号解読者たちは、無電だけでドイツ軍兵士が性的な手段で知ったのと同じくらい女達の特徴を知るようになった」（デーヴィッド・カーン著／秦郁彦・岡野英夫訳『暗号戦争』

早川書房）

わざわざ暗号に組んで猥談をするとはあきれたものだが、当時のヨーロッパの常識ではそれは「陽気な兵隊たち」だったのかもしれない。

――（その二）

日本軍に限らず軍隊に女性はつきもので、ルネッサンスの頃の都市間戦争には女性が大勢見物その他で戦場にいたらしい。ナポレオン時代の軍隊にも女性が大勢いたことを書いた本がある。

「イギリスでは正規の妻のほか、一個中隊につき六名を公認したし、ナポレオンもイタリア戦線で一個大隊に四名の女性参加を許している」「国防大臣カルノーは、同行する『兵士たちのための娘たち』の数は兵士と同数はあろうと慨嘆した」「そのもたらす病気は敵軍の砲火の十倍もの犠牲をつくった」「大遠征軍と行動を共にして、売笑婦であるなしを問わず、正規の人妻さえ含む女性たちの大群があらゆる種類の車輌に乗って、遠くなり、近くなりつつ、行軍の苦難を共にした。彼女らもまた寒さ、雪、泥濘を越えていったのであり、この女性たちの数奇な抒情詩はいかなる教科書にものることはないし知られることもあるまい」（両角良彦著『反ナポレオン考』朝日選書）

「兵士たちのための娘たち」というのは、いまで言えば「従軍慰安婦」のことだが、実態はもっともっと生活的なものである。戦場には女性にしてもらいたい仕事が山ほどある。

彼女たちは洗濯、衣服そのほかの修理、日用雑貨の小売りを担い、小金を貸したり、あるいは下士官の女房になったりした。その下士官が戦死すればまた旦那の代わりはいくらでもいただろうし、それから大事なことだが、彼女たちは隙あらば兵士から泥棒をした し、戦場では死体から金品を奪う逞しさを持っていた。しかし、彼女たちがいることは兵士たちの大きな喜びで、彼女たちは歌を歌ったり踊ったり、それから怪我をした将兵のためには献身的な看護をした。

――ということだから、人間の生活はそう簡単に良いものは良い、悪いものは悪いと割り切れるものではないことがわかる。その時代のことは、その時代に時計の針を戻してみないとわからないものだ。

それからもしかしたら、戦争や軍人が大好きという女性もいただろう。その昔、女性の地位は低かった。長幼の序も厳しかった。その両方が重なって若い女性は男の年長者に対しては、理も不理もなく服従を強制されていた。

それが戦争になると壊れる。第一次大戦でも第二次大戦でも、女性の地位は戦後目覚ましく向上した。戦場へ行けば封建的、道徳的な因習はないし、そのうえ若い男がワンサといる。戦闘に勝てば女性も勝者の側に立つことができる。女性もまた、たくましく戦争時代を生きていたのである。

「強制連行された少年炭鉱夫」という捏造

慰安婦問題に加え、戦前日本によって長崎市の端島《はしま》（軍艦島）炭鉱に多くの朝鮮人労働者が強制連行され虐待されたという〝捏造〟が世界に向けて発信された。韓国国内では子供向け絵本が刊行され、昨年七月下旬に「軍艦島」と名づけられた映画が公開された。約四〇〇人の朝鮮人労働者（なかには少年もいる）が海面下一〇〇〇メートル超、摂氏四〇度にも及ぶ炭鉱で奴隷同然の過酷な労働を強いられ、耐えかねた彼らはこの「監獄島」から脱出するため悪鬼のような日本人に戦いを挑む――というストーリーで、公開前から「史実に基づいた映画」と大々的に宣伝された。

だが、当時日本の炭鉱で朝鮮人の少年坑夫が強制的に働かされていたという事実など存在しない。何が何でも日本を糾弾したい韓国は、慰安婦を「少女像」にして発信したあとは、鉱山労働者に「いたいけな少年」がいたことにしようというわけである。

日本人として最低限知っておくべき事実は次のとおり。

昭和十三年に施行された「国家総動員法」に基づき、翌年、国民を軍需品生産などの総動員業務に従事させるための勅令として「国民徴用令」が出された。これは官憲が銃剣を突き付けて国民を駆り出すようなものではなく「白紙」と呼ばれる令状による召集だった。朝鮮半島の日本国民に徴用令が適用されたのは昭和十九年九月からで、それまでは「募集」と「官斡旋」が主体であり、官憲が彼らを強制的に連行することはあり得なかった。「徴用」を「強制連行」とするのは実態として明らかに誤りなのである。

映画では朝鮮人労働者への〝差別〟として、食事は粗末かつ不十分で、賃金も日本人に比べ安く、地中深く鉱脈の最先端を掘り進む危険な作業は朝鮮人にやらせていたように描かれているらしいが、これまた事実ではない。

元朝鮮人労働者から聞き取り調査を行った東亜大学の崔吉城教授らによれば、賃金に差があったとすれば経験や技能によるもので、元朝鮮人労働者たちは高い技術を持つ日本人労働者が高給を得ることを当然と考えていた。したがって厳しい状況下の掘削は優れた技能を持つ熟練の日本人が受け持っていた。そうでなければ落盤などの事故につながりかねなかったからである。なかには経験を積んで技能を高めた朝鮮人が担当したこともあったろうが、それは能力の問題であって〝差別〟とは関係ない。

慰安婦の少女像だけでなく強制連行された少年炭鉱夫という捏造を韓国が思い立ったのは、端島炭坑など「明治日本の産業革命遺産」がユネスコの世界文化遺産として登録されたことに対する彼らの強い反発がある。そしてここでも、外務省が韓国に〝配慮〟して「朝鮮半島などから多くの人が意思に反して連れてこられ、厳しい環境で労働を強いられた」と表明したことが仇になっている。

端島炭鉱がけっして「監獄島」ではなかったことを日本政府は「万人周知の事実」として世界に発信していく必要がある。それを放置するとどうなるか。

文在寅大統領は昨年八月十五日、日本の朝鮮半島統治からの〝解放〟七十二年に当たる「光復節」の式典で演説し、「（戦前の）強制動員の苦痛は続いている」と徴用工などの問題に言及し、今後南北関係が改善すれば、「南北共同で被害規模の実態調査を検討する」と述べた。

式典には元慰安婦の女性が初めて招かれ、慰安婦と徴用工問題について文氏は、「歴史問題にケジメをつけたときに両国の信頼がより深まる」「日本の指導者の勇気のある姿勢が必要だ」などと日本側に責任を押しつけた。

これに先立つ十二日には、首都ソウルと仁川に民間の反日団体による「徴用工像」が設置された。日本大使館前への設置計画もあるという。北朝鮮の核脅威に直面する朝鮮半島情勢の緊張を考えれば、政官民挙げて〝反日ゲーム〟に興じるかのような韓国人の姿は異様としか言いようがない。

徴用工問題は日韓請求権協定で解決済み

元徴用工や元挺身隊員らの個人請求権の問題は、昭和四十（一九六五）年の日韓請求権協定に「完全かつ最終的に解決されたこととなることを確認する」とあるように、日韓両政府間で解決済みである。協定には「議事録」がついており、これには「日韓会談において韓国側から提出された『韓国の対日請求要綱』（いわゆる八項目）の範囲に属するすべての請求が含まれており、したがつて、同対日請求要綱に関しては、いかなる主張もなしえないこととなることが確認された」と念押しされている。

日韓請求権協定の交渉時は、実際に戦前の日本の朝鮮半島統治の実情を知る世代が日韓の大半を占めていた。その後の世代が「後付けの知識」で否定できるようなものではない。繰り返すが、その時代のことはその時代に時計の針を戻してみないとわからないのだ。

日本は同協定によって韓国に五億ドルの経済協力（無償供与三億ドル、政府借款二億ドル）を実施し、民間も約三億ドルを拠出して戦後の韓国の発展を援助した。当時日本の外貨準備高が十八億ドルであったことを考えれば、これは大変な額だった。

当時の朴正熙政権はこの資金を農業の近代化や浦項製鉄所建設をはじめとする企業の育成、科学技術開発などに投入した。結果として一九六六～七五年の十年間に韓国は「漢江の奇跡」と呼ばれる経済成長を果たすことにつながった。日本が供与した資金の使途は韓国政府の自由裁量だった。戦前の補償を何も受けていないという韓国人がいても、それは配分した韓国政府の問題であって日本の責任ではない。

二〇〇五（平成十七）年、当時の盧武鉉政権は日韓請求権協定をめぐる外交文書を公開し、「韓日会談文書公開の後続対策に関する民官合同委員会」なる組織を設け、日本側が拠出した無償三億ドルに個人の補償問題の解決金が含まれるという見解を明らかにした。つまり徴用工問題は請求権協定で解決済みであると彼ら自身が再表明していたのである。

日本側に新たに賠償を要求するのは困難との結論に達した盧武鉉政権は、国内法を制定して支援を行うことにした。

文氏はこの問題を担当する首席秘書官として作業に加わっていたはずである。それを忘れたのか。

その後、韓国大法院（最高裁）が二〇一二年に徴用工問題訴訟で請求権協定の効力を否定する新判断を示した際も、韓国政府は「解決済み」という立場を維持すると表明している。

ちなみに、このとき韓国大法院は「日本の朝鮮統治は違法な占領だった」という〝理屈〟で元徴用工の賠償問題を請求権協定の適用外としたが、日韓併合は日本と大韓帝国とのあいだに結ばれた条約によってなされたものだ。

そもそも日韓併合条約の合法性についての日本の立場は、「条約は両者の完全な意思、平等な立場において締結された」（佐藤栄作首相答弁）という合法・有効論を一貫して守ってきた。日韓基本条約締結においても、「併合条約は締結当時から無効だった」との確認を求める韓国側の要求と賠償請求に合理性がないことを主張し、以後、歴代政権は基本的にこの見解を引き継いできた。

それが平成七年、当時の村山富市首相が「日韓併合条約は合法的に結ばれた」と国会で答弁し、韓国、北朝鮮から反発を浴びると「締結にあたり相互の立場が平等であったとは考えていない」と修正したことによって日本側の姿勢が揺らぎ始めた。このときは外務省の林暘《あきら》条約局長が日韓併合条約の有効性について「交渉当事者、締結者個人の身体に対する威嚇、脅迫があった場合は無効だが、当時そういう状況があったとは承知していない」と明確に指摘し、佐藤内閣の「対等な立場で締結された」との政府答弁は変更せず、政治的、道義的責任に言及することで問題の沈静化を図った。

その後、民主党政権の菅直人首相が平成二十二年（二〇一〇）の日韓併合百年において出した談話が大きな過誤となった。菅氏は、日本の朝鮮半島統治について「政治的・軍事的背景の下、当時の韓国の人々は、その意に反して」併合されたと自ら「違法性」を強調する表現を使って併合条約の「無効性」を認めるような談話を出した。これが今日に続く韓国の際限なき対日要求の〝呼び水〟となった。

二〇一一年八月に韓国憲法裁判所が元慰安婦の賠償請求権に関し、韓国政府が具体的な救済措置を取ってこなかったのは違憲とする判断を示したことは明らかに菅談話の影響で、この違憲判断を受けて外交通商省は日本側に協議を申し入れた。韓国国会も、日本統治時代に韓国の労働者を徴用しながら戦後補償していない日本企業を公共事業入札から排除するよう公的機関に促すことを決め、先述の二〇一二年の韓国大法院の判断もこの流れのなかにある。

朴賛雄氏の言葉にも「耳を傾けよ」

国家間の条約や合意を反故にして、自己に都合のいいようにゴールポストを動かし金銭や謝罪を要求し続ける隣国の〝悪しき伝統〟は、「法」よりも国民感情が優先する彼らの「情治」もさることながら、慰安婦問題における河野談話や日韓併合における菅談話など、相手の感情に寄り添うことばかりを考え、父祖の名誉を守るための歴史的な事実の主張を軽んじてきた日本政府の安易な態度と、それに唱和する日本国内の左派メディアや左派団体が醸成してきたとも言える。

「日韓併合は無念だった」「民族の誇りを傷つけられた」という韓国人の感情を汲むとしても、日本が韓国を欧米列強がアジアやアフリカで獲得した「植民地」と同じように搾取をほしいままにする存在としたのではないことは統治の実際を見れば明らかである。

一九二六（大正十五）年に京城で生まれた朴贊雄氏が〈数え年二十歳で終戦を迎えた者として、この世を去る前に率直な心情を書き残しておきたい気持ち〉から、『日本統治時代を肯定的に理解する』（草思社、平成二十二年刊）という本を著した。朴氏は《序に代えて》でこう述べている。

〈朝鮮は日本の植民地になったおかげで、文明開化が急速に進み、国民の生活水準がみるみるうちに向上した。学校が建ち、道路、橋梁、堤防、鉄道、電信、電話等が建設され、僕が小学校に入るころ（昭和八年）の京城（現ソウル）は、おちついた穏やかな文明国のカタチを一応整えていた。

日本による植民地化は、朝鮮人の日常の生活になんら束縛や脅威を与えなかった。（略）独立後の南韓（韓国）・北朝鮮における思想統制とそこからくる国民一般の恐怖感と比べるとき、かえって南北朝鮮人は終戦後の独立によって、娑婆の世界から地獄に落ち込んだのも同然であった。

このような事実描写に対し、「非国民」あるいは「売国奴」呼ばわりする同胞も多かろうが、そういう彼らに対し、僕は一つの質問を投げかけたい。

日政（日本統治）時代に日本の官憲に捕えられて拷問され、裁判にかけられて投獄された人数及びその刑期と、独立後に南韓または北朝鮮でそういう目に遭った人数とその刑期の、どちらが多く長かったであろうかと。（略）

今の若い連中は教科書や小説等の影響を受けて「当時の朝鮮人は皆、日本を敵国と見なし、ことあるごとに命を投げ出して独立運動をした。日本の特高が全国的に監視の目をゆるめず、多くの愛国者が次々と捕えられて処刑された」という自己陶酔的な瞑想に耽っているが、これはウソである〉

「韓国人の言葉に耳を傾けよ」という政治家、メディアは数多い。ならばこの朴氏のような証言にも耳を傾けよう。韓国人による日本統治の肯定的評価はけっして少なくない。韓国と日本のメディアがそれを報じないだけである。

さて、世界が「日本化」する理由を再論する。

［理由⑫］

韓国の康京和外相に対して安倍首相や河野外相が二国間合意を見直ししないよう強く迫ったところ、康外相は表情を固くして何も言えなかった。日本の外交姿勢が変わった象徴的なシーンである。

［理由⑬］

韓国は二国間であれ多国間であれ、約束事を守れない、守ろうとしない国であると世界に印象づけた。

第七章

「日本文化圏」「日本精神圏」が誕生する

米英豪の歴史家諸氏に問う

「世界史」の話から日露、日韓の歴史問題に転じて述べてきたが、これらの二国間の関係も世界史の大河のなかでは「些事」かもしれない。山本夏彦氏は『「戦前」という時代』(文藝春秋)に、〈私は人生は些事から成ると見ている。些事にしか関心がない。些事を通して大事に至るよりほか、私は大事に至りようを知らないのである〉と書いた。なるほど、と思う。

日本人として、鳥の目と虫の目をもって「世界史」を書くなら、かりに自らの歴史は世界史の些事であっても、大事なのである。この感覚をもって私たちは祖国の歴史に向き合う必要がある。

日本人が世界史を書くとき、既存の世界史を信奉する人々からは必ず「歴史修正主義」のレッテルを貼られるだろう。

平成二十七(二〇一五)年五月、米国の日本研究者や歴史学者ら一八七人が、「戦後七十年間の日本と近隣諸国の平和を称賛し、第二次世界大戦以前の『過ち』について『全体的で偏見のない清算』を呼びかける声明」を発表した。

この年の夏に出された安倍首相の「戦後七十年談話」に向けての政治的なアピールであったことは明らかで、「日本の歴史家を支持する声明」に署名したのはハーバード大のエズラ・ボーゲル名誉教授やマサチューセッツ工科大のジョン・ダワー名誉教授、ニューヨーク州立大学ビンガムトン校のハーバート・ビックス名誉教授ら、このニュースを報じた朝日新聞によれば「米英豪日などで日本やアジア関連の研究者、歴史家と認識されている人々」で、参加者は研究が世界的に評価され、影響力が大きく、慰安婦問題などの解決で、安倍首相の「大胆な行動」に期待を表明し、日本の研究者への応援という体裁をとりながら日本政府や国民へのメッセージにもなっているという。

この声明は、こんな文言から始まっている。

〈下記に署名した日本研究者は、日本の多くの勇気ある歴史家が、アジアでの第2次世界大戦に対する正確で公正な歴史を求めていることに対し、心からの賛意を表明するものであります〉

「日本の多くの勇気ある歴史家」とは一体誰のことであろう。この声明を発した人々と同じ歴史観を持つ歴史家のことか。声明の具体的内容が「慰安婦」問題に割かれていることからも、本音がどこにあるかがわかる。

声明は、〈この問題は、日本だけでなく、韓国と中国の民族主義的な暴言によっても、あまりにゆがめられてきました〉と、日中韓それぞれに冷静さを求める中立的な態度を装いながら、結果的には、「広義の強制性」を日本に科したうえで、〈「慰安婦」制度はその規模の大きさと、軍隊による組織的な管理が行われたという点において、そして日本の植民地と占領地から、貧しく弱い立場にいた若い女性を搾取したという点において、特筆すべきもの〉と糾弾するものだった。

〈私たちも過去のすべての痕跡を慎重に天秤に掛けて、歴史的文脈の中でそれに評価を下すことのみが、公正な歴史を生むと信じています。この種の作業は、民族やジェンダーによる偏見に染められてはならず、政府による操作や検閲、そして個人的脅迫からも自由でなければなりません。私たちは歴史研究の自由を守ります〉

声明の発信者はこう述べるが、たとえば彼らが東京裁判に疑義を呈する研究に対してもその姿勢を適用したことがあるのか、そうした研究や情報発信の自由を守ってきたことがあるのか、と問わざるを得ない。

彼らは、それを「歴史修正主義」と非難してきたはずである。本当に〈過去のすべての痕跡を慎重に天秤に掛けて、歴史的文脈の中でそれに評価を下す〉仕事を彼らがしてきたと言えるのか。

東京裁判を「興行的誇示と、連合国内向けの安価な復讐感覚に訴えるために仕組まれた」と喝破したのは東條英機の主任弁護を引き受けた清瀬一郎だった。

また、この裁判で「被告にはすべて無罪の判決を言い渡すのが当然である」との意見を提出したのがインド代表のパール判事である。

アメリカにも同様の声はあった。連邦最高裁判所のウィリアム・O・ダグラス判事は、東京裁判の被告が行った再審請求に一九四九年六月に意見書を発表し、その中でダグラス判事はパール判決を支持し、「国際軍事裁判所は政治的権力の道具以外の何物でもなかった」と述べた。

さらに、敵国だったイギリス政界の重鎮ロード（卿）・ハンキーも、『戦犯裁判の錯誤』（邦訳一九五二年、長谷川才次訳、時事通信社）の中で、「裁判官パール氏の主張が、絶対に正しいことを、私は全然疑わない」と述べている。

「日本の歴史家を支持する声明」の発信者はこういう。

〈多くの国にとって、過去の不正義を認めるのは、いまだに難しいことです。第2次世界

大戦中に抑留されたアメリカの日系人に対して、アメリカ合衆国政府が賠償を実行するまでに40年以上がかかりました。（略）

人種差別の問題は今もアメリカ社会に深く巣くっています。米国、ヨーロッパ諸国、日本を含めた、19・20世紀の帝国列強の中で、帝国にまつわる人種差別、植民地主義と戦争、そしてそれらが世界中の無数の市民に与えた苦しみに対して、十分に取り組んだといえる国は、まだどこにもありません〉

ならば米英豪の歴史家諸氏に問いたい。戦勝国の立場からの歴史解釈をまったき是とすることが真に学究的態度と言えるのか。日本に高説を垂れる前に、まずはそれを疑ってみたことがあるか。それとも、戦勝国の罪を問うことは「戦勝」によって阻却され、敗戦国の罪は「敗戦」によって永久に問われ続けるとでも言うのか。

白人支配の四百年に実力で終止符を打ったのは日本

こうした問いを発する日本のメディアはほとんどない。同年夏に出された戦後七十年の安倍首相の談話に、「侵略」「植民地支配」「謝罪」の三点セットを求めていた新聞各紙は、

『産経』を除いて、安倍談話を不十分であると一斉に批判を加えた。

『朝日』社説は〈歴史総括として、極めて不十分な内容〉で〈日本が侵略し、植民地支配をしたという主語はぼかされ〉〈多くの国民と国際社会が共有している当たり前の歴史認識を覆す無理が通るはずがない〉と強く難じた。

『毎日』社説も『朝日』と同様、安倍談話は、国策の誤りや「植民地支配と侵略」を明記した戦後五十年の村山談話と対照的だとし、〈すでに定着した歴史の解釈に異を唱え、ストーリーを組み替えようとする歴史修正主義からきっぱりと決別することだ〉と断じた。

『読売』社説は、「戦後70年談話　歴史の教訓胸に未来を拓こう」と見出しこそ朝毎二紙と異なる口調だったが、〈「侵略」の客観的事実を認めることは、自虐史観ではないし、日本を貶めることにもならない。むしろ国際社会の信頼を高め、「歴史修正主義」といった一部の疑念を晴らすことにもなろう〉と内容に差はなかった。

これらの社説に共通するのは、戦前日本の歩みと大東亜戦争の評価を「すでに定着した歴史の解釈」に委ね、それに従うことでしか日本は国際社会に生きられないという現状追認である。

では、「すでに定着した歴史の解釈」とは何か。それは、勝者がその優位を維持するために構築した歴史の解釈で、彼らも事実に照らせばその無理を承知しているから、折あるごとに敗者にその受忍を求める政治的作業を行う。「歴史修正主義」というレッテル貼りがその一つである。

パール判事の判決書は、〈時が、熱狂と偏見をやわらげた暁には、また理性が、虚偽から、その仮面をはぎとった暁には、そのときこそ、正義の女神はその秤を平衡に保ちながら、過去の賞罰の多くに、その所を変えることを要求するであろう〉との一句をもって結ばれているが、それから七十年以上経っても、現実の国際社会は歴史解釈における戦勝国の既得権益が温存されたまま〈過去の賞罰の多くに、その所を変えることを要求する〉正義の女神の出現を拒んでいる。

日本人が世界史を書くときは、何ものをも恐れず、阿《おもね》らずに、自らを偽ることなく、事実と、推測と、願望とを分けて叙述する態度を持てばよい。この前提に立つとき、はっきり言えるのは、白人支配の四百年に実力をもって終止符を打ったのは日本だということである。

外交官とは思えない栗山尚一元駐米大使の発言

安倍首相はそこまで大胆な発言をしたことはない。だが、内心そう思って忍耐を続けていると私は思っている。安倍氏の基本的な姿勢は、「中韓の不当な主張には取り合わない」というものである。

だが、現実に外務省がこれまでとってきた消極的、宥和的な姿勢では、結果的に相手の主張を認めたことになりかねない。沈黙することは後退を続けることである。

戦後の外務省の基本姿勢が那辺にあるかを見てみよう。たとえば外務審議官、外務事務次官を経て平成四年から七年にかけて駐米大使を務めた栗山尚一《たかかず》氏が産経新聞（平成十八年二月十四日付）のインタビューに答えた内容にその典型が見て取れる。

〈日本が和解の努力をしないことは、外交姿勢の問題として間違っている。和解は中国とだけの問題ではない。日本の国際社会全体とのかかわり合いの問題〉で〈個人的には二十世紀前半の日本がとった政策は一貫して間違っていたと思う。

戦争の犠牲になられた方の大部分の人は純粋に国のために戦って命を落としたと思う。

その霊を追悼するのは日本人として当然やっておかしくないことだ。しかし、首相や政府の責任ある立場の人が靖国神社を参拝することで、「果たして純粋にそうなのかな」という印象を国際的に与えることは間違いない〉

栗山氏は、「純粋に国のために戦って命を落とした」のだからこそ、国家の指導者が追悼するのが当然とは考えない。さらに氏は、〈さきの大戦に対する歴史的評価は定まっていないのではないか〉という記者の問いに〈外務省条約局長時代、私は国会で「国際社会では、あれは侵略戦争だ、というのが評価です」と言った。日本人はその評価に異論があるかもしれないが、国際社会の判断はすでに下されている。米国に日本の首相が「あの戦争は自衛のための戦争だった」と言ったら、日米関係はもたない。

人類の歴史は、残念ながら常に戦争を繰り返してきた。その歴史は、ほとんど戦争に勝った側が書いている。負けた人からは「公平ではない」と思えるかもしれないが、勝者が書いた歴史が歴史として受け入れられている。そのことを日本人は受け入れないといけない〉とまで断じる。

栗山氏は、日本人が日本の立場から歴史を語る自由は国際社会で認められていないと考えていたようである。〈国際社会の（日本に対する）不安感は誤解に基づくものではないか〉という問いにも〈そこはちょっと違う。ドイツと比較して、戦後の日本は帝国主義政策、膨張政策をとった二十世紀前半の行為について、きちんとした総括をしなかったところが問題として残る〉という。

栗山氏が外交官でなく、市井の人だったら何を発言しようが自由だが、これでは外交官としての資格も使命もない発言ではないか。国の名誉と国益を守るためならば、どのようなレトリックをも駆使してみせるのが外交官の仕事のはずである。あるいは誤った現状を変更するためにとことん交渉する。氏の考えは、日本は永遠に劣位に甘んじて生きるしかないと言っているのと同じである。

苦境を打開する方法ははっきりしている

国際世論づくりの主戦場である米国で、中国、韓国が国を挙げてロビー活動を展開しているのに対し、日本が後手に回り続けてきたことは動かし難い事実である。ならば米政府内に彼らの主張が浸透するのも当然で、ロビー活動には間違いなくドル紙幣が付いて回っている。

日本の苦境の原因は、その劣位戦思考にある。原因不明ならば戦いようがないが、苦境を打開する方法ははっきりしている。知恵と資金を惜しまず投じて積極的な対外発信に努めることである。中国や韓国を説得するのが目的ではない。彼らの日本非難がいかに事実誤認に基づくデタラメなものであるかを世界に発信周知することである。

このとき「国際連合」を当てにしないことは言うまでもない。国連を尊重しようという思想は、国連が加盟国に対しあまねく公平な機関であることが前提だが、国連はそうではないし、日本は自分の頭では何も考えず国連が決めたことなら従うという話なら、これまた自己の主体性放棄でしかない。

国連は第二次界大戦の戦勝国が、戦勝国にとって都合のよい世界秩序を維持するためにつくった機関である。それを日本人は自覚しておかねばならない。United Nationsを「国際連合」と翻訳するからおかしくなる。これは「連合国」という意味で、「連合国（国連）」は、第二次大戦の「枢軸国」（日独伊三国同盟の側に属した諸国）に対し、戦後もその行動を監視し制約するというのが本来的な性格である。したがって「国連特別報告者」なる存在に日本の政策が揺り動かされるのは愚の骨頂である。

慰安婦問題に関して繰り返し発信すべきなのは、第一次安倍政権が平成十九年に閣議決定した答弁書の内容である。答弁書は慰安婦について「政府が発見した資料には、軍や官憲による強制連行を直接示す記述はない」としている。慰安婦の強制連行を認めた河野談話が、はじめから韓国との政治妥協ありの杜撰《ずさん》な「調査」に基づいて発表されたことは、当時それに当たった石原信雄氏ら政府関係者と元慰安婦らの聞き取り資料そのもので明らかである。

相手の態度によって付き合うか否かを決めればよい

いまこそ日本人は現実に即した国際感覚を持たなければならない。日本は国際社会の外に存在するのではなく、それを構成する大きな要素で、自らの意思を国際社会に反映させることができる。そのためには自らの道義心を棚上げすることもあり得る。

日本人の道義心は国際常識から並外れて高い。日本人の常識で慮って「誠意ある対応」を考えてしまうところがお人好しなのである。「平等互恵」は社交辞令でしかなく、少しでも相手から毟り取ってやろうというのが国際社会の現実だと言える。現実に即した国際感覚は、報復力のない国を相手にしたときは蹂躙してよい、無視をしてよい、残念ながらそういうことである。

日本は、相手の意図や態度によって付き合うか付き合わないかを決められる国である。中国や韓国の日本非難には「こっちを振り向いてほしい」ということを素直に言えない、彼らの拗《ねじ》けた心理状態（華夷秩序における上位者意識）がある。いまも日本との関係改善に焦っているのは中韓両国のほうで、劣位戦思考の外務省にはそれがわからない。

安倍首相は優位戦思考で外交を行おうとしている。首相はこれまでも「ドアは開かれている」と語りつつ、そのドアを叩くには、国際法の遵守や二国間の取り決めの確認などを条件として示してきた。こちらから手を差し伸べ、相手を「ホッ」とさせてやるのは優位戦思考による「貸し」だが、事実を棚上げして同情したり、和解を求めたりすることは、不当な追及や糾弾の材料を与えることになる。優位戦思考を展開するにも、和解や示談は「法治」を理解する相手以外には望みようがないことをわきまえておかねばならない。

「明治維新から百五十年」という区切りの意味

日本はこれまでの長い歴史のなかで国難に幾度も遭遇した。

唐・新羅と戦った白村江の戦い（六六三年）、日本の入貢を求めた元のフビライを拒絶して戦った文永・弘安の役（一二七四年、一二八一年）、大航海時代に始まる西欧列強の植民地獲得という「帝国主義」に抗しての明治維新（一八六八年）、そして大東亜戦争と、いずれも国そのものが滅びかねない危機を日本人は乗り越えてきた。

平成三十（二〇一八）年は、明治維新から百五十年である。

この区切りに何がしか特別な意味があるとすれば、それは日本が帝国主義によって国を開くことを強いられ、西欧近代との葛藤を迫られた歳月を顧み、未来の国家像を改めて描くことにあるだろう。

日本は国際社会の中に存在している。そこは常に各国間の摩擦や軋轢が交錯し、どのような戦術・戦略をもって自己の生存を図っていくかしのぎを削る世界である。占領国に押しつけられた現行憲法の前文にある「平和を愛する諸国民」の存在を前提にした国家経営は戦後日本以外にない。

ようやく日本国民はこれをおかしいと感じ、その改正を訴える安倍氏に国政の舵取りを任せた。これが第四次安倍政権に至る近年の国民意識の変化だが、安倍批判を繰り広げる政治家、マスメディア、学者たちは、帝国主義時代に国家の独立を全うしようと奮闘した父祖たちに感謝することも、その歴史的な意味を汲むこともなく、いまだに占領政策の優等生を続けていることはすでに何度も述べた。

日本には力がないと思い込んでいる官僚やメディアの人間は多い。彼らはまず「日本にそれは無理だ」と考え、「国際社会」に寄り添おうとしてそのための答えを探し出すが、国際社会とは何か、あるいは国際化とは何かを考えることはしない。

英語よりもブロークン・イングリッシュ？

こんな挿話がある。ソ連の外務大臣としてアンドレイ・グロムイコ（元ソ連共産党最高会議幹部会議長）は一九四三～四六年、駐米大使としてワシントンにいた。彼が着任したとき、居並ぶ各国大使は、今度来たソ連大使はどんな男かと注目した。

ある会議でイギリス大使が、「イングリッシュ・イズ・インターナショナル・ランゲージ」と発言を始めたとき、グロムイコはすかさず大きな声で、「ノー」と言ったので、各国大使は固唾を呑んで次の言葉を待った。

英語が国際語だと言われては誰しも面子上イエスだとは言いにくいが、さりとてノーとも言えない。いくらソ連大使でも、その強いナショナリズムはわかるが、ロシア語がインターナショナル・ランゲージだとは言えないだろう。そう思ったとき、グロムイコは、「イングリッシュ・イズ・ノット・インターナショナル・ランゲージ。ブロークン・イングリッシュ・イズ・インターナショナル・ランゲージ」と言ったので、周囲はどっと沸いた。誰しもブロークン・イングリッシュを話していたからで、グロムイコはたちまちワシントン外交団の人気者になり、逆に流暢な英語を話すイギリス大使は浮いてしまった。

この話は当時、面白いジョークとして世界に伝えられたが、本当はジョークではなく、世界の真実だと私は思う。

あるいは近年のラオスでは、国策として英語教育に力を入れているが、英米人の教師ではなく、むしろ外国語として英語を身につけた人を英語教師にすることにしたという。ラオスにとっては、ブロークン・イングリッシュのほうが有用だという判断である。そのほうが英米人の教師よりわかりやすいとか、給料が安いとか、習得する苦労をわかってくれるとか、いろいろ理由があるが、ブロークン・イングリッシュのほうがいまや国際言語だから、これが現実に即した選択ということだろう。

アメリカのビジネス・スクールでも、三十数年前から〝日本人が話す英語を理解する講座〞があるから、本家のほうがわざわざブロークン・イングリッシュの勉強をしている。要は普及の問題で、日本式英語が普及するとそうなる。

国際化やグローバル化の正体を見極めよう

世界で英語が国際語になるとしても、そこに日本も含まれるとは限らないと私は考える。それどころか、私は日本語が国際語になるとさえ思っている。世界ではかつて、ギリシャ語やラテン語、フランス語が国際語となった時期があった。「国際語は一瞬で変わる」ものである。

アメリカの言語学者で、言語学会の会長も務めたサミュエル・I・ハヤカワ氏が、「懐に最もドルがたくさん入っている人の話す言葉が国際語である」と語ったように、ギリシャ語やラテン語、フランス語が国際語として使われたのは、それらの国が豊かだったからだ。ならば今後、日本が経済的に発展すれば日本語が国際語になることもあり得る。

いや、すでにそうなっているとも言える。アメリカでは「カイゼン」などの〝トヨタ語〞がたくさん使われている。アメリカの自動車メーカーは日本の自動車生産の技術を学ぶと同時に日本語も学んで帰った。
改めて、国際化やグローバル化の正体を見極めておこう。

●グローバル化がすなわち英米化とは限らない。
●国際化とは自分を捨てることではない。
●世界各国はそれぞれ自らの事情に応じて欧米や日本から様々なものを摂取している。
●日本も発信源になっている。
●二十一世紀の世界は、流暢な英語よりもブロークン・イングリッシュのほうが主流になる。
●言語に限らず、ありとあらゆる文明・文化についての混合と発酵と新しい創造が見られる。
●文明多元論や文明相対化論が世界の常識になる。

こう考えると、日本の行くべき道として議論していることの多くに間違いがある。〝日常会話ができるような英語教育〟というのは、たんに易きについているだけで、それは学校や教師が努力しなくても実現できることだから流行しているとわかる。むしろ必要なことは、政治・外交・行政・学問・商売・技術・文化交流での専門会話の能力である。それには実力がいる。さらに、日本の何を発信するのかという中身である。

それからジョークやユーモアや咄嗟の判断力や行動力がいる。戦う決意も重要で、その基礎となるのは日頃の教養や歴史の勉強に裏打ちされた独立自尊の精神である。これが涵養されて初めて「中身」ができあがる。

「教外別伝、不立文字」

現在、声高に唱えられてきた欧米思想のいくつかは、その限界が誰の目にも明らかになりつつある。

たとえば、話し合えば相互理解できるという迷信［何でも言語化できるという思い込みが先にある］。それから人間も社会もだんだん進歩するという仮定［十九世紀、最大の書物はダーウインの『種の起源』で、欧米人の思考はすべてその影響を受けている。進化は存在し、しかもその進歩は一本道しかないという思い込みが人生観にも国際関係観にも経済観にもしみ込んでいる。もちろん人種観や学問観にも無意識のうちに浸透している」。

第三に、生物はすべて神の意思に従ってひたすら生き続けるように設計されているという宗教がかった思い込み［その根拠はたんに聖書のなかの一句で、〝産めよ殖えよ 地に満てよ〟だから、一九七二年英国エジンバラ大学のカー、ワイリー、キュリーの三人によって「アポトーシス」（細胞の自殺がDNAのなかに設計されている）が発見されると、欧米の科学者は自分たちの全思想の根拠を失ったような恐怖に包まれた］。

仮にこの三つだけでも、それらが迷信か、仮定か、または思い込みだったということになると、それから派生した多くの考えがその根拠を失う。

インド哲学は「物質と意識」「根源的な真理と人間の精神」「究極の知」などについて一千年の議論を経たのち、「誤った問題提起」や「答えてはならない問題領域」が存在することを認めるに至った。悩む人の質問のすべてに答えることはできないし、その多くはかえってその人を一層迷いの淵に落とすことになるという発見で、古いバラモンの慣習では行者はそういう質問には沈黙して答えないのである。

仏陀も何度かそうしたことがあると伝えられる。そのほうが相手のためだという考えだが、この世には愚問が存在すると知らない弟子は、むしろ一層向学心に燃えて愚問を繰り返しただろうと想像する。

日本には数百年前からこの教えが入って、一般人の常識になっている。世に禅問答というが、直接には答えず、当人が愚問を愚問と自得するように動作や仕種や譬え話でわからせるのである。これを「教外別伝《きょうげべつでん》、不立文字《ふりゅうもんじ》」という。文章の情報伝達力には限界があるから、それ以上の世界には自ら〝悟って〟入れというのである。

しかし、これが普及すると、不立文字を悪用して説明できることもせず、責任をとれることもとらずに逃げる当局者や学者が出現するから、その場合は言語化と論理化に努力する欧米文明の導入もある程度は必要になってくる。ただし、それが進歩とは限らないし、それが究極の知とは言えない。

たぶん、日常的な問題の解決は欧米流で行い、より高度な問題の処理には東洋的な叡智が必要なのだと思うが、問題は東洋的な叡智の国際的な普及である。価値観や情報は共有されないと社会を動かす力にならない。

長い歴史のなかで培った庶民の「暗黙知」

日本人は「日本には日本の立場と主張がある」ということに少しずつ目覚めてきた。日本には底力がある。その源泉は長い歴史のなかで培った庶民の「暗黙知」にある。仏教哲学や、儒学などを取り入れた日本人の実践哲学は磨き上げられ、庶民階層を含め日本中に広まった。

江戸中期の思想家で石門心学の祖、石田梅岩はその一人だが、梅岩は商家に奉公しながらその業に励むとともに、儒学を独学し、神道、仏教、老荘なども学んだ。四十五歳で講席を開き、「人の人たる道」を追求した。弟子の身分を問うことなく、平易な言葉で講義を続け、大勢の門弟を輩出した。それは一種の社会教化運動で、根本は、社会的職分を遂行するうえでは商人も、農民も、武士も同じで、その分限を尽くすことが尊いということだった。

石田梅岩の影響だけではない。日本では、庶民の持つ向上心や勤勉性などが自然に国民道徳というべきものをつくりあげた。江戸末期の篤農家二宮尊徳もそうだ。尊徳は、皇国が開闢《かいびゃく》以来、外国から資本を借りて発展させたことはなく、皇国は皇国の徳沢《とくたく》で発展させてきたことに気づくと、自分が神代の昔に豊葦原へ天から降り立ったと決心をし、皇国は皇国の恩恵で発展させてこそ、天照大神の足跡だと思い定め（『夜話』）、「農」を通じて

「心田」開発、すなわち立派な日本人をつくりあげることに力を注いでいった。

尊徳が、「世間で困窮を救おうという者が、みだりに金銭や米穀を施すのは、甚だよろしくない。なぜなら、人民を怠惰に導くからである。これは恵んで費《つい》えること」で、指導者は人々を「奮発・努力をさせるようにすることが肝要」だというのは、先年の東日本大震災の復興の在り方、現代の社会福祉にも通じる。

日本人はずっと勤勉、倹約、謙譲の精神で自立してきた。これが廃れないかぎり、日本が深刻な「内臓病」で斃れることはない。

石門心学を寺子屋で習った人たちは幕末や明治初期にも大勢いて、「教育勅語」ができたときも、当時の国民の知的水準はそれを天皇による強制とは受け止めなかった。

教育勅語に書かれていることは石田梅岩の教えが八割くらい元になっているからで、「父母ニ孝ニ兄弟ニ友ニ夫婦相和シ朋友相信ジ……」というのは、日本人の徳目として当たり前のことだった。それがいまは教育勅語を読んだこともない人が、あるいは石田梅岩の名前すら知らない人が教育勅語を「日本人を戦争に駆り立てる」と批判している。

森友学園問題で安倍非難の材料にも使われたが、わが国の歴史を知らない人がいかに政界、マスメディアに多いか。こうした存在が「内臓病」を引き起こす因子になりかねないが、庶民の「暗黙知」がそれに勝ることを私は信じている。

国難突破のヒントを与えてくれる『南洲翁遺訓』

さて、本年のNHK大河ドラマの主人公は西郷隆盛だという。最後に西郷の遺訓を少し取り上げてみよう。西南戦争後に旧庄内藩士によって編まれた『南洲翁遺訓』には、幕末明治の日本人の志と気概、私に言わせれば武士と庶民の文化を混淆した「暗黙知」が映し出されている。西郷が薩摩藩の下級武士の出身だったことが「遺訓」の精華となって現れている。

たとえば西郷は「文明」について、こう語る。

〈文明とは道の普《あまね》く行はるるを賛称せる言にして、宮室の荘厳、衣服の美麗、外観の浮華を言ふには非ず。世人の唱ふる所、何が文明やら、何が野蛮やら些《ち》とも分らぬぞ。予嘗《かつ》て或人《あるひと》と議論せしこと有り、「西洋は野蛮じゃ」と云ひしかば、「否《い》な文明ぞ」と争ふ。「否な否な野蛮ぢや」と畳みかけしに、「何とて夫《そ》れ程に申すにや」と推せしゆゑ、「実に文明ならば、未開の国に対しなば、慈愛を本とし、懇懇説諭して開明に導く可きに、左は無くして未開蒙昧の国に対する程むごく残忍の事を致し己れを利するは野蛮ぢや」と申せしかば、其の人口を蓄《つぼ》めて言無かりきとて笑はれける〉

軍事力と科学技術に物を言わせて有色人種の弱小国を侵略し、奴隷化した欧米の「近代文明」を西郷は道義のかけらもない野蛮なものだと批判している。日本は、夷を以て夷を制す術を採っても、自ら夷になってはならぬということである。

また、「経済と算盤だけでいいのか」と問いかける「商法支配所」の項ではこう語っている。

〈談国事に及びし時、慨然として申されけるは、国の凌辱せらるるに当りては、たとひ国を以て斃るるとも正道を践《ふ》み義をつくすは政府の本務なり。然るに、平日金穀理財の事を議するを聞けば、いかなる英雄豪傑かと見ゆれども、血の出る事に臨めば頭を一処《ひとところ》に集め、ただ目前の苟安《こうあん》を謀るのみ。戦の一字を恐れ、政府の本務を墜《おと》しなば商法支配所と申すものにて、更に政府に非ざるなり〉

まさに、である。

「租税」という項にはこうある。

〈租税を薄くして民を裕《ゆたか》にするは、即ち国力を養成するなり。故に、国家多端にして財用の足らざるを苦しむとも、租税の定制を確守し、上を損じて下を虐げぬものなり。よく古今の事迹《じせき》を見よ。道の明らかならざる世にして財用の不足を苦しむ時は、必ず曲《きょく》知小慧《ちしょうけい》の俗吏を用ひ、巧みに聚斂《しゅうれん》して一時の欠乏に給するを理財に長ぜる良臣となし、手段を以て苛酷に民を虐げる故、人民は苦悩に堪え兼ね、聚斂を逃《のがれ》んと自然譎詐《きつさ》狡猾に趣き、上下互ひに欺き、官民敵讐《てきしゅう》となり、終に分崩離析《ぶんぽうりせき》に至るにあらずや〉

これは今日の税制論議に資する。『大学』に「聚斂の臣あらんより寧ろ盗臣あれ」とあるが、これは「過重な税のとりたてをして民心を失う臣より、公の財物を盗みとって私腹をこやす臣のほうがましで、治国の要は民心を収めることにある」と諭したものである。

西郷の「遺訓」には「文明国」に至る「西欧とは別の道」のあることが示されている。西南戦争に西郷は斃れたが、その精神や考え方を日本人は弊履のごとく捨て去ったのではない。三島由紀夫は「西郷は日本の陽気な地霊である」と書いたそうだが、たしかに地霊は死なない。後生《こうせい》がその存在を忘れなければ、ときどき地上に姿を現し、国難突破のヒントを与えてくれるだろう。

日本社会はグローバルな要素を内包している

略奪と侵略を強国に認めた「帝国主義」の時代を、日本は単独でこの地球上から消滅させたが、強国の横暴はまだ続いている。復活の兆しさえある。

そこで、帝国主義の時代を完全に終わらせるのは日本しかない……と世界はすでに気づいている。当の日本も程なく気がつくだろう。

それは日本の地霊が動くときかもしれない。

安倍首相が身につけている成蹊大学の精神――桃李もの言わざれど、下自ずから蹊《こみち》を成す（徳望のある人のもとへは自然に人が集まる）――は、帝国主義とは反対の考えで、すでに世界を動かしている。

この実例を挙げれば、日本では相変わらず軽自動車がよく売れているが、マスメディアの解説は、台数は売れているが、価格が安いので売り上げ増につながらないし、利益も出ないという暗い話になっている。

だが、アメリカでの解説は違う。「日本はまた自動車の新しいグローバル・スタンダードを打ち出した」と解説する。「また」というのは、その昔、日本製の小型乗用車がフォードやシボレーのアメ車に勝ったことを指している。自動車はアメリカでは長く成功を示す「ステータス・シンボル」だったが、日本人はそれを「可愛いサンダル」にしたという思想革命に敗北した思いと、軽自動車はこれから全世界に普及するだろうという予感を、〝グローバル・スタンダード〟という大袈裟な言葉で言っている。

なるほど世界の都市の多くの生活道路は狭く、住民は低所得層なのだから、軽自動車にならないはずがない。スズキやダイハツの開発者は「たんに日本の消費者に喜ばれるものをつくっただけだ」と言うと思うが、それがそのままグローバル化する。このことは、日本社会はグローバルな要素を内包しているとも言えるし、それをアメリカから指摘されるとは、「現場で勝って、思想で負けている」とも言える。

たしかに日本のエリート層は脆弱である。たぶんアメリカ式のグローバリズム礼賛教育の勝者が言論界の上層部を占めているからだろう。だから、この問題を彼らが議論すると、対策は論理的思考力や英語力の育成になるが、それを超えるものに思い至らない。

それは感性である。日本発の世界的な大ヒットアニメ「ポケモン」は、アメリカでもブームが続いている。ピカチューは言語を使わない。「ピカチュー」としか言わないが、そのイントネーションで共感や主張が相手に通じている。日本的なハート・トゥ・ハートのコミュニケーションの存在をアメリカの子供は見事にわかったのである。いまやピカチューに惹かれた子供たちが成人に達している。訴訟万能社会に変化の兆しが現れたアメリカの日本化の一因がこんなところにあるのではないか。

蹊は少しずつだが着実に大きな道に

ヘーゲルがベルリン大学で五回にわたって講義した「世界史の哲学」（『歴史哲学講義』上下、長谷川宏訳、岩波文庫）によると、ギリシャもローマもその精神によって発展し、次にその精神は周辺諸国に普及して本国の発展を支え、さらに本国が没落したあとも周辺諸国にはギリシャ文化圏やローマ文化圏としてその精神は残ったとある。

ヘーゲルは中国とインドの精神には否定的で、歴史に残る価値を認めていないが、周辺諸国に長く広く影響を及ぼし、領土の外に精神圏や文化圏を持っていたことは、ギリシャやローマに限らずインドや中国も同じである。

そうした現象に着目してサミュエル・ハンチントンは、冷戦終了後、あるいは情報革命後の二十一世紀では国家主権の影が薄くなり、それに代わって言語と宗教と文化的遺産を共有する国々の団結が国際関係の主役に登場すると説いた。

そのとき日本はやがて世界の孤児となり、将来は中国の衛星国になる可能性もあるから、それを防ぐためには文化的類似性がある東アジア諸国に接近し、移民を受け入れて人口の減少を防ぐがよいと結んだ。ヘーゲルもハンチントンもそうだが、彼らはどうしてもヨーロッパの文明や精神が最高のものだと考えたいらしく、東洋の精神や日本の成功は素直に認めないのである。

ここで日本の周辺に日本文化圏や日本精神圏はあるのか、ないのかを考えてみると、よい精神には自ずと普遍性が生じるから、日本国内の日本精神が自壊しなければ、いずれは日本の精神を見習う日本精神圏が周辺に形成される。

「桃李もの言わざれど、下自ずから蹊《こみち》を成す」である。

台湾の李登輝元総統は「台湾では勤勉、公正、正直、清潔、協力などの美徳を総称して〝日本精神〟という」と教えてくれたが、同じ話はマレーシアでもインドネシアでもミャンマーでも聞くことができる。

日本は「文明国」に至る「西欧とは別の道」を切り開いた。そして、蹊だったそれは、少しずつだが着実に大きな道となってきている――。

さて、最後になるが、世界が「日本化」する理由を再論したい。

［理由⑭］

欧米思想のいくつかは、その限界が誰の目にも明らかになりつつある。代わって、日本の精神や文化に注目が集まり、日本語が「国際語」になる可能性もある。

［理由⑮］

帝国主義の時代を完全に終わらせるのは日本しかない……と世界はすでに気づいている。安倍首相が身につけている成蹊大学の精神は帝国主義とは反対の考えで、すでに世界を動かしている。

〈著者略歴〉

日下公人（くさか　きみんど）
評論家。日本財団特別顧問。三谷産業株式会社監査役。日本ラッド株式会社監査役。多摩大学名誉教授。1930年、兵庫県生まれ。東京大学経済学部卒業。日本長期信用銀行取締役、ソフト化経済センター理事長、東京財団会長などを歴任。ソフト化・サービス化の時代をいち早く予見し、日本経済の名ナビゲーターとして活躍する。著書に、『日下公人の「日本大出動」トランプなんか怖くない』（悟空出版）、『ついに日本繁栄の時代がやって来た』（ワック）、『日本人への遺言（共著）』（李白社）、『新しい日本人が日本と世界を変える』『優位戦思考に学ぶ　大東亜戦争「失敗の本質」（共著）』（以上、ＰＨＰ研究所）など。

絶対、世界が「日本化」する15の理由

2018年３月13日　第１版第１刷発行

著　者　　日下公人
発行者　　後藤淳一
発行所　　株式会社ＰＨＰ研究所
東京本部　〒135-8137　江東区豊洲5-6-52
第一制作部　☎03-3520-9615（編集）
普及部　☎03-3520-9630（販売）
京都本部　〒601-8411　京都市南区西九条北ノ内町11
PHP INTERFACE　https://www.php.co.jp/

組　版　　有限会社メディアネット
印刷所　　株式会社精興社
製本所　　東京美術紙工協業組合

ISBN978-4-569-83772-7

自衛官の心意気

そのとき、彼らは何を思い、どう動いたか

桜林美佐 著

「自分が盾になって撃たれるつもりだった」。ベストセラー『日本に自衛隊がいてよかった』に続く、感動の自衛隊ノンフィクション。

定価 本体一、六〇〇円（税別）

PHPの本

[新訳]南洲翁遺訓

西郷隆盛が遺した「敬天愛人」の教え

松浦光修 編訳

多くのリーダーが「最も尊敬する人物」として挙げる西郷隆盛。その西郷の言葉を記録した『西郷南洲遺訓』を新訳で現代読者に提供する。

定価 本体九五〇円(税別)

PHPの本

［新訳］貞観政要

組織のリーダーにとっていちばん大切なこと

田口佳史 編訳

組織社会において上司と部下の関係は永遠の課題と言える。その難題を克服しマネジメント思考を磨く必読古典を、斯界の第一人者が編訳。

定価 本体一、一〇〇円（税別）

PHPの本

新しい日本人が日本と世界を変える

日下公人 著

新しさ、上品さ、情の豊かさ、気概、美の完成を目指す日本の歩みは続いている――。未来予測の大家による、まったく新しい日本人論。

定価 本体一、七〇〇円（税別）